ずらし転職

ムリなく結果を残せる
新天地の探し方

村井庸介
Yosuke Murai

はじめに

転職の不安は人生にきちんと向き合おうとしている証

この本を手に取っていただき、ありがとうございます。

この本を手に取ったということは、あなたは何かしら現状の仕事や将来の人生について、不安を感じていたり、あるいは、ある程度目指す姿はあるものの、何か突破しきれない停滞感や課題を感じていたりするのではないでしょうか。

そのような不安は、決して恥ずかしいものではなく、むしろ自身の人生にしっかり向き合おうとしているからこそ、生まれるものだと私は思います。

申し遅れましたが、私は村井庸介と申します。

経歴については、第一章で詳細についてお話しするので割愛しますが、大学を卒業し、社会人となり10年間で、7回の転職を経験しました。

それだけの回数、転職を繰り返してきたものの、万事想定どおりにことが進んだわけではありません。多くがうまくいかず、そして、なぜ、うまくいかなかったかを考え改善を繰り返してきた——。そんな10年間でした。本書は、そうして見えてきたものをまとめたものです。

つまり、本書の大半は、失敗談です。

では、なぜ、そんな失敗談を世に公表するのか？

第一に、一見矛盾するように思えるかもしれませんが、これからキャリアの節目に当たる方々と失敗の前例を共有することで、「自分らしいキャリア」を築いていただくことの一助になりたいと考えたからです。

加えて、第二に、読者のみなさんがこれまでに「失敗した」と感じた仕事や過去の転職・異動にこそ、「自分らしさ」の源泉があるということに気づいていただきたいと思ったからです。

その2点を踏まえ、第三に、誰かの成功例を踏襲するのではなく、読者のみなさんが「自分らしさ」を突き詰めることが、結局はキャリアの成功を歩むことにつながるだろうと考えました。

これら3点が伝わり、読んでいただいたみなさんの行動が変われば、本書の役目は十二分に果たせたといえます。

転職はそもそもうまくいかないもの

転職を含めた仕事の変更は、今までにない環境に飛び込むわけですから、業務がうまくいかなくなる要素ばかりです。つまり、そもそも「転職する」だけで、何かが勝手に状況を好転させてくれることはありません。環境が変われば何かが変わるかも――と考える人の気持ちはとてもよくわかりますが、理屈で考えれば、そんなことはないわけです。

酷ではありますが、転職直後は、新しい職場での信頼関係も弱いことが多く（私はこのことを「信頼残高」といっています）、その環境下で成果が出せないと、その後の挑戦機会が巡ってくることは、そうはありません。

そのため、より仕事で活躍し、自分らしい仕事をし続けていくうえでも、「しなくてよい失敗」の地雷は回避したほうがよいでしょう。

私自身のような転職を繰り返す人は、世間では〝ジョブホッパー〟といわれ、「転職しすぎ」と認識されやすいといえます。しかし、その分、「防げたはずの失敗」も多く経験しました。

この事例を共有することで、みなさんが、異動先や転職先で生き生きと働くことにつながればと思っています。

「自分らしさ」を誤解していないか

年収や資産形成には、幸福度の限界効用があるといわれています。

そのなかで生き生きと仕事を続けるには、「自分らしさ」を活かして、相手に貢献するというプロセスが欠かせません。

「らしさ」というと、何か自分の要求ばかりを叶えるイメージがあるかもしれませんが、そうではありません。

「自分らしさ」とは、「自分が（他者と比べて）無理なく、かつ精度を高く行うことができ、相手に貢献できること」と、ここでは認識してください。世間でいう「強み」や「価値観」といった言葉に近いでしょう。

自分に「らしさ・強みなどない、見つからない」と嘆く人もいますが、そんなことはないのです。そう嘆く人のなかには、「いつも失敗ばかりしている私なんかに……」と思い込んでいる人もいるかもしれません。

しかし、逆です。「自分らしさ」を探していくうえでヒントとなるのが、自身の失敗経験だと私は考えます。失敗を重ねてきた人こそが、より「自分らしさ」を突き詰めていく可能性をもっているといえます。

自分自身の「特徴」というのは、他者と比べて突出しているため、よい方向に活きるときもあれば、ひとたび何か前提条件が違うなかで行使してしまうことで、マイナスの結果に大きく振れてしまうこともあります。

失敗した経験を振り返ってみると、自分らしさを表面的にとらえ、それを押し通そうとしてしまった事実が見られることがあります。

表面的な「らしさ・強み」に対する考え方から脱却し、本当の「らしさ・強み」を探りあてることで、自身の今後のキャリア形成の「基本路線」が決まってきます。

「らしさ」がキャリアの基本路線を決める

ただ、キャリア形成の基本路線というのは、「営業」や「マーケティング」といった職種や「プレゼンテーション」といったスキルは当てはまらないと私は考えます。

これらの職種やスキルは、今後、時代環境が変化するなかで「人が行う必要はない」という状況になる可能性もありうるからです。

最近では、一般に不確実性が高い環境といわれるなかで、世にいわれている成功キャリアにあこがれ、しがみつこうとすることが最大のリスクではないでしょうか。

とある映画で、次のような話がありました。

「コンピュータ」とは、昔は計算を行う職人を指していましたが、その計算という従来業務をし続けた人はキャリアがやがて閉じていき、最先端の機械の操作方法やプログラミング技術を習得した人は、その後の世の中で大活躍していくといったものです。そして、そもそもの「コンピュータ」という名称が、計算を行う職人から機械を指す言葉になっていきました。

この話は、極端な例かもしれないですが、ＩＴをはじめさまざまな技術が発展していくなかで、世の中に「貢献していく方法」については、自身を常に更新し続けていく必要があります。

ただ単に現在人気がある職種に追従していくのでは、やがて「何のために仕事をしているのか？」の答えに行き詰まるでしょう。

自分らしさを土台に、世の中で表現する方法を変えていく

そこで、あらためて重要となるのが「自分らしさ」です。

これらを土台にもちながら、世の中で表現する方法は、柔軟に変化していく――そんな生き方が、これからの時代はより重要になるのではないか。

本書をしたためた最大の理由は、そこにあります。

本書は、いかに「自分らしさ」をカギにキャリアを構築していくか。その方法を「ずらし転職」と名づけ、私自身のキャリアの変遷をお伝えしながら、私が転職希望者などの

方々向けに開催しているセミナーの内容を凝縮してお伝えしています。いかにキャリアをつくるかという話から、どのように自分らしさ・強みを見つけるか、自分らしさをどう活かしていくかなど、いま、キャリアに迷う人たちの問いに答えることができているのではないかと思います。

また、実際に「ずらし転職」を行って、やりたい仕事をしている人、自分が取り組むべき仕事を見つけた人などの例を紹介しています。

読者のみなさんの明日からの行動変化につながるかもしれません。

本書が、みなさんのキャリアが切り替わる第一歩となれば幸いです。

2020年2月

村井庸介

CONTENTS

第2章 内的要因 自分自身を軸にキャリアを考える

第3章 年収UP 1000人に1人のキャリアをつくる方法

第4章 転職活動
転職先は「ずらし」で選び キャリアをつくる

第5章 行動確認
「G-SOV法」でキャリアを点検する

第1章

自己分析

なぜ会社を辞め、転職したのか

キャリアの悩みがわかれば
事前に対策も立てられる

01 大手シンクタンク入社後10年で7回の転職を繰り返す

漠然と感じた不安が促したはじめての「転職」

私は新卒として働き始めて、10年間のうちに7回転職し、そのため8社に及ぶ会社での勤務を経験しました。

まずは、どのような順番で、どのような会社を経験したのか、ざっとその7回の転職をふり返ってみましょう。

大学を卒業後、新卒で入社したのが、大手シンクタンクの野村総合研究所です。そこで3年働いたのちに求人広告などを手掛けるリクルートに転職し、その後ソーシャルゲームの開発・提供を行うＤＲＥＣＯＭ（ドリコム）、そしてベンチャー企業のＧｉｖｅｒｙ、ゲーム事業を行うＧＲＥＥと職場を変えていきました。

それから日本IBM、メガネスーパーを経て、ベンチャー企業に入社し、その会社から実質、副業兼任で独立しました。

1度目の転職は、若いころによくある「このままで自分の将来は大丈夫なのだろうか」というような悩みをきっかけに決意しました。野村総研で働いており、職種がコンサルタントだったので、**自分は正論を語るだけで、現場で通用するような仕事ができないのではないか**と不安に思うことがあり、**実際に自らが事業を生み出したい**という想いからリクルートへと移ろうと考えたのです。リクルートは次々に新規事業を展開していて、会社として単純にかっこいいなという憧れもありました。

野村総研は給与水準の高い会社でしたし、会社の制度や一緒に働く同僚に不満があったわけではありません。人間関係や社内での評価、給与といったことが理由でなく、単純に自分自身の将来への不安が、転職の主な理由でした。

給与より経験をとるために転職を決意

給与水準の高い野村総研からの転職でしたから、転職した時点で給与レベルが下がることはわかっていました。**転職を決意した当初から「給与」より「経験」をとりにいくつも**

りだったので、その点への迷いや後悔はあまりありませんでした。しかし、それまで野村総研の給与レベルにあわせた生活をしており、加えて若かりしころで、恥ずかしながら貯蓄もあまりしていないような状況でしたから金銭的につらくなってきました。そうして生活環境が変わったことに対するストレスが出てきてしまったのです。

また、仕事についても、コンサルタントから営業職に変わり、主に求人広告の営業をしていましたが、自分の能力があまりフィットしていないなと感じていました。

結果が出せず転職した理由もわからなくなり……

コンサルタントのときはそれなりに結果を残していて、社内の評価もよかったのですが、リクルートに移ってからは、最初は運よく営業で実績を上げられていたものの、だんだん思うような結果を出せなくなっていきました。〝数字〟が出せなくなり、上司からも「もっと積極的にお客様に提案しよう。数字も出せるようにしましょう」といわれるようにもなります。

数字を取らねばというプレッシャーを一人で感じてしまい、お客さまの雇用状況や経営環境を見ずに自分都合の提案が増え、上司のアドバイスすら理解できない……そういう具合で、どんどんよくない方向へ向かっていきました。

そうすると、**「なんのために転職したんだっけ？」と思うようになります。**このまま営業職を続けていくことがとてもつらく感じて、そのうち出社することもままならない状況になってしまいました。そうした日々を過ごすなかで、この状況はまずいと思い、2回目の転職活動をすることにしました。

漠然とした「不安」を感じた瞬間

若いとき、特に働き始めたばかりのときは、得てして将来に不安を感じるもの。とはいえ、個人個人でその不安も異なります。私はどのような点に不安を感じたのか、少し話をしておきましょう。

シンクタンクに入社して3年目のときに、あるメーカーの中期経営計画をつくるプロジェクトに、コンサルタントとして参加することになりました。

中期経営計画は、「売り上げを伸ばす」ことと「コストを減らす・在庫を減らす」ことの両方の側面での目標設定が必要となりますが、まだキャリアの浅い私は、そこで求められるすべてのパートを経験したことがありません。

そのため、周囲の協力を得ながら進めたのですが、クライアントの期待に応えられず、苦しい状況が続きました。そんななか、ある日**クライアントの担当者の方が「言っている理想は確かにそうだが、何をどうやればよいのかまったく提案してくれない」とおっしゃいました。**この言葉は、コンサルタントとして、ある程度結果を出せていると自負していた当時の私の心に深く突き刺さりました。

その言葉を投げかけられたあとも、プロジェクトメンバーの多くの協力を得つつ全力を尽くし、結果的に中期経営企画は完成させることができたのですが、それで安堵できたわけではありません。

いろいろ調べてファクトをもとに語ることはできても、**実際に物事をどうやって動かしていけばよいのかというような細かい「ハウ（HOW）」について、「それはこういうことですよね」と答えることができない。**このことは、今後自分自身が職業人として仕事をしていくうえで「弱みになる」のではないかと、不安が芽生えたのです。

02 ベンチャー企業で気をつけたい「組織構造」

コンサルタントと近い職務で充実した日々

野村総研を経てリクルートに移り、次に25歳のときに移ったのが、ドリコムという会社です。

２００６年に東京証券取引所マザーズに上場したいわゆる「上場企業」ですが、順風満帆というわけではなく、赤字経営が続いていました。私が転職する直前くらいにソーシャルゲームでヒット作を出し、黒字に転換しました。

その会社で、ゲーム開発を行う事業部のなかの経営企画という立ち位置で、事業部長の参謀として予算の策定や、事業部の戦略考案、新しい業務の見直しといったことを行っていました。

もともと行っていたコンサルティングと職務の内容が近いことや、一方で外部のコンサルタントではなく「会社の中の人」として細かい業務依頼を課していくという仕事内容がおもしろくて、日々がとても楽しく、モチベーション高く仕事に取り組んでいました。

また、カスタマーサポートセンターの人員が構造的に増えやすいので、その構造をどのように変えていくかといったプロジェクトを立ち上げから実行まで一貫して経験でき、とてもやりがいがありました。

ベンチャー企業特有の〝ポスト問題〟

この会社をやめようと思ったきっかけは、ベンチャー企業ではよくある話です。

伸び盛りのベンチャー企業には、他社で実績を残した、まさに〝脂の乗ってきた〟ような人たちが、事業部長や管理職として、自分よりはるかに高い年収で入社してきます。一方で自分はまだ若く、仕事は負けないくらいやっていると思っても、会社の評価制度的になかなか給与があがらない。「この人の実力、年収に近づくのにあと何年かかるんだ?」と考えたら、「ベンチャー企業なのに、あと5年……。いや10年はかかるだろう」という結論に至りました。

ベンチャー企業はどんどん出世していくことができるような印象をもちますが、それが可能なのは先頭を走っている人たちだけです。その後塵を拝する人たちは、上司が他の企業より若いゆえ、なかなかその席は空きません。

これは、意外と気づかない、ベンチャー企業特有の〝ポスト問題〟です。上司に追いつくのに、あと10年かかるとして、自分は25歳から35歳になりますが、35歳の事業部長は45歳になります。それこそ、さらに脂がのっている時期で円熟の域です。この事業部長が、そのポストを明け渡すことはほぼありません。

「会社の規模をさらに大きくして、新しいポジションをつくろう！」、あるいは、「上司にさらに出世してもらい、自分のポジションを上げていこう！」という視点が欠けていた当時の自分は、このままこの会社でがんばっていても、先が見えないのではないかと思ってしまいました。

会社の評価制度から生まれた停滞感

この、ポスト問題は〝ベンチャー企業あるある〟ですが、創業時から在籍していたり、比較的若い段階で部長などの役職に就いたりした人は、会社に居続ける傾向が強いです。

これは途中から入ってくる人からすると、結構つらいことです。

ポジションが上がらないと給与の額も上がらないという会社では、やがて停滞を感じやすくなってしまいます。しかし、そう考えて滞留していてよいのかなと思うところがあり、急にどん詰まり感が出てきたのが当時の私の感覚です。

会社での自分自身の評価自体は悪くなくても、構造的に社員がステップアップしづらい設計になっているというのが見えてしまったので、それなら別の職場に移ろうと思って転職をしました。

大学時代の友人がベンチャー企業にヘッドハンティングされたとか、商社マンの同級生から脂がのりはじめて給料がよくなったというような話を聞くなかで、自分はせっかくベンチャー企業に行ったのに、「なぜ、こんなところにとどまっているのだろう」と考えるようになってしまったのです。

そうした停滞感が、自分のなかでずっしりとのしかかってきました。

03 「光があたらない」と感じると人は辞めていく

新しい挑戦・課題を設定して、次の職場に移る

ここまで、私が25歳までに経験した2回の転職について、その経緯を述べてきました。同じような気持ちになった経験がある人もいるのではないでしょうか。読んでいただいておわかりのように、私は2回目の転職まで、その場その場の流れで転職を決めていたわけです。

しかし同時に、そのような転職の方法ではうまくいかないと気づき始めました。転職への考え方が変わり始めたのは、3回目の転職からです。このあたりから、本書でこれから紹介していく「ずらし転職」に近い考え方をするようになりました。

以降、**処遇や待遇ではなく、新しい挑戦・課題を設定して、次の職場に移る**ようになり

会社に伝える退職理由

タテマエの退職理由

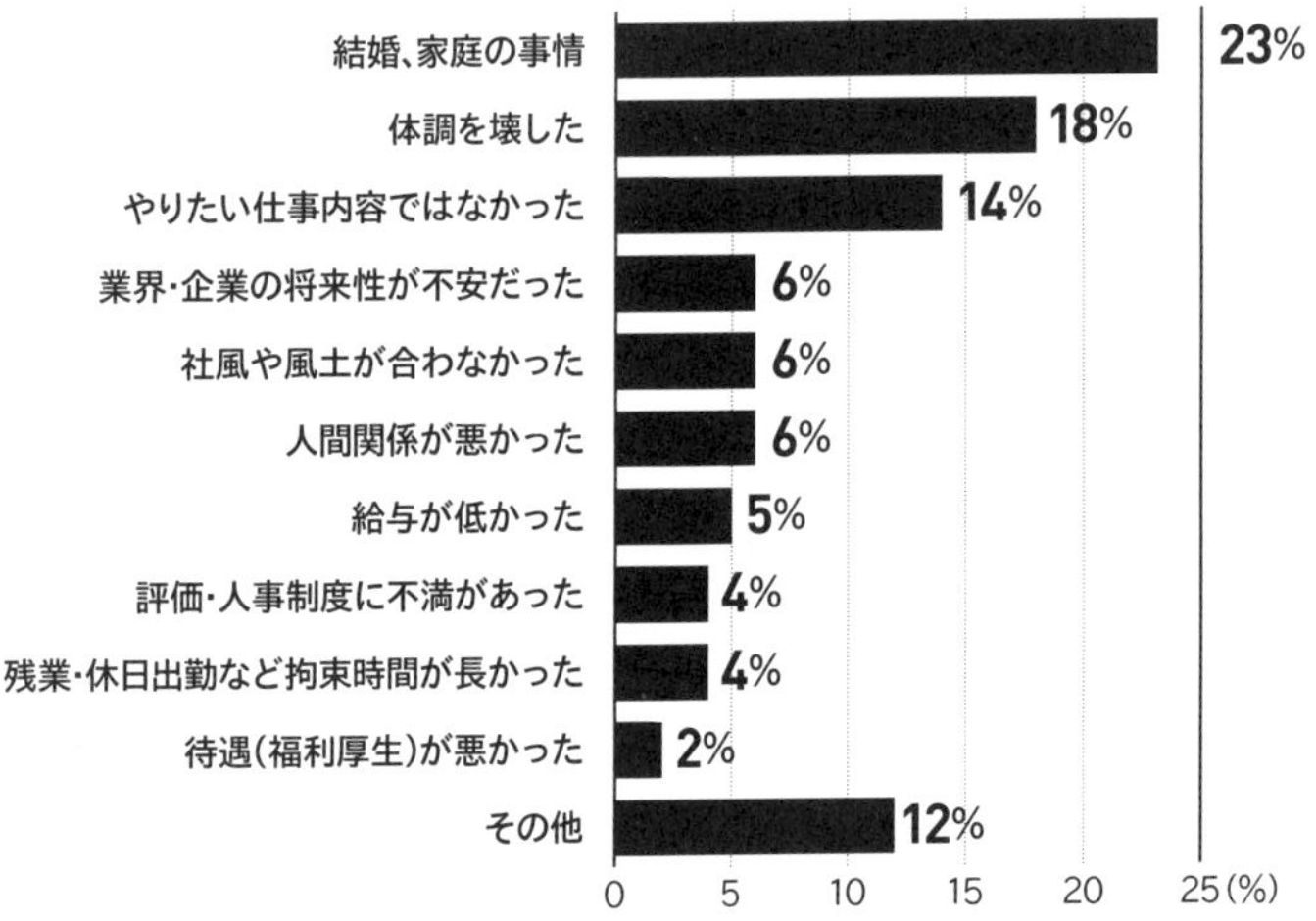

出所：月刊「人事のミカタ」

なぜ会社を辞めるのか

会社を辞めるホンネ

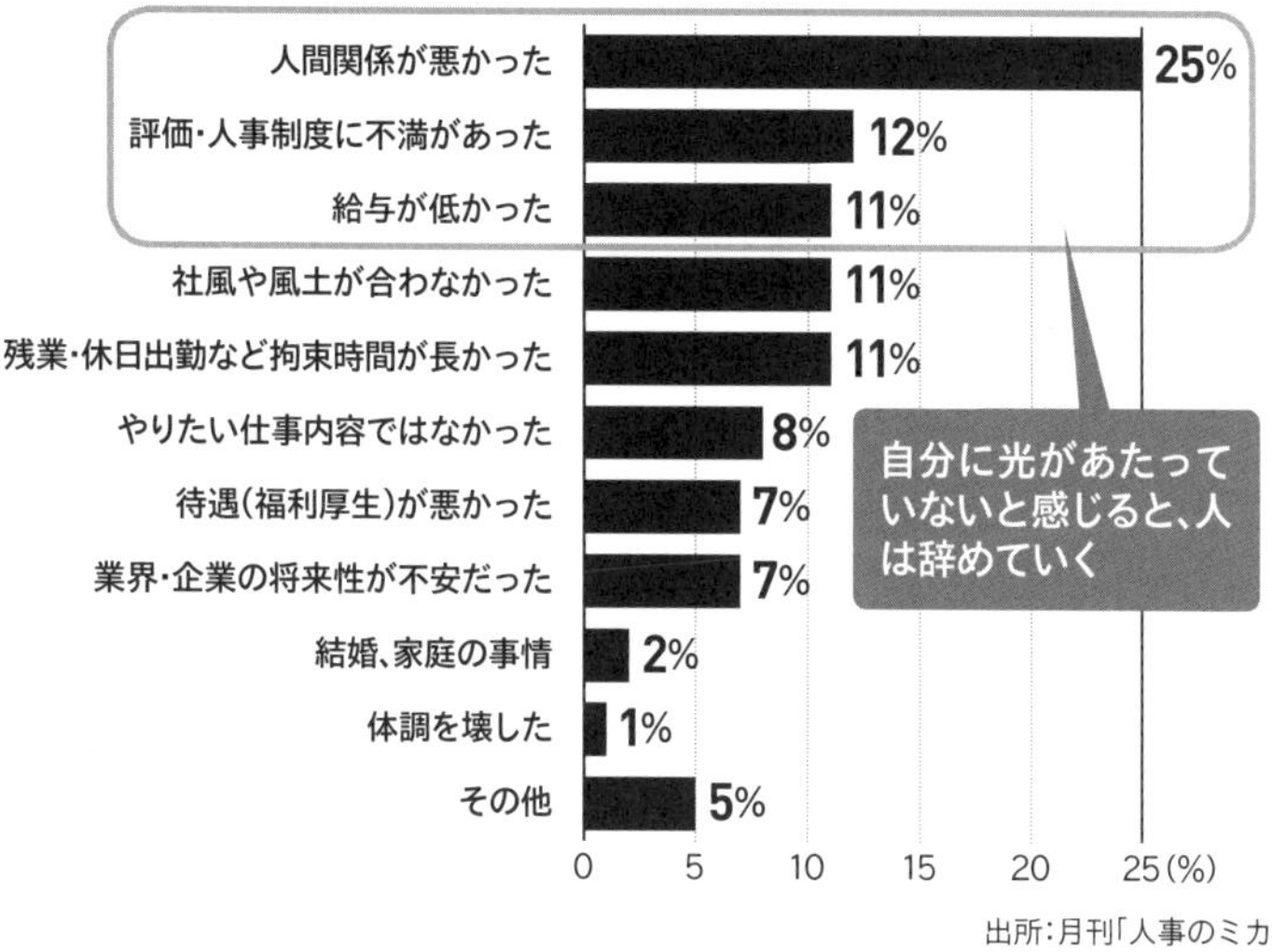

出所：月刊「人事のミカタ」

ます。

そう考えるようになったのは、仕事の停滞感を感じたり、〝日常運転〟が続いていると感じたときに、自分が新しいことを求めていることに気づいたためです。

私が転職した先の会社では、「社内を改革していこう」といった目的の新規プロジェクトに携わることが多かったのですが、そうしたプロジェクトが延々と続いていくことはありません。改革がひと段落して、プロジェクトが終わると、社内は日常運転に戻っていきます。

私自身、予算の集計やレポートを組むといった仕事が性に合わなかったというのもあって、プロジェクトが終わりそうなタイミングで、日常運転がはじまりそうだなと感じると、ほかに何かおもしろそうなことはないかなと思ってしまいます。最初にコンサルタントをやっていたということも関係していると思います。

私自身、人事の仕事もやっていましたが、**仕事を辞める人の多くは「自分に光があたっていない」と感じると辞めていきます**（29ページ参照）。たとえば会社の部署など、その人が活躍するステージで光があたっていないと感じると、辞めることが多いです。

「自分に光が当たっていない」となると、自分に光を当ててくれない上司や同僚との関係性も「一緒に仕事をしても楽しくない」と感じやすくなります。**負の連鎖が人間関係にも**

つながっていくのです。

○安心できる環境は自分でつくるもの

また、何回か転職している人にありがちなのは、転職後しばらくして、それなりに組織の一員としてなじめたのに、またすぐに転職をしてしまうということです。

これは、心のなかにある漠然とした不安が原因です。そういう人は、「会社は自分を守ってくれるもの」という意識が前提としてあるので、会社の未来に不安を感じると辞めてしまいます。過去の自分も間違いなく、その一人でした。

そういう人は、**自分の頭のなかできちんと「安心できる環境は自分でつくっていくんだ」と書き換えることが大事**になります。

会社が自分を守ってくれるという前提にすがらず、「安定とは何か」を自問し、そして「自らつくり出すもの」と書き換えをしないと、この世に存在していない自分で勝手につくり上げた「安心・安定な職場」を求めて、意味のない転職を繰り返すことになってしまいます。

04 転職4回目で感じた経験の「掛け算」

経営企画室の責任者として呼ばれるも退社

4社目に入社したベンチャー企業は、役員が友人だったということもあり、経営企画室の責任者として呼ばれました。

私が入社した当時は、上場を目指す原動力になっていたゲーム事業があり、その次のタイトルをつくっている最中でした。しかし、アイデアを練っているうちに市場環境が変わってしまい、お金だけ食いつぶして次のタイトルが出せないという状況になってしまいました。そして、資金繰りが苦しくなり、事業部は解散することに……。

その会社は、当時在籍していた若手社員ががんばって復活させて、いまでは上場を目指していますが、当時は、事業を縮小するなかでこれ以上私がいても給与水準が高くお荷物になるし、いても仕方ないということで、会社と話しあい辞めました。

もっとも、同社に入社する時点で、会社の給与水準も鑑みて自分自身の給与を下げていたのですが、もう少し勉強会などに参加できるだけの収入を獲得したいというのも正直な想いとしてありました。

給与水準をもとに戻す

転職市場では、**前職の給与を参考にして報酬額を提示されることが多い**です。

新卒時に入社した野村総研であれば、いまの年次でどれくらいの水準となるのか、おおよそ見当がつきます。自分自身の市場価値を野村総研の水準まで戻していきたいと、今回の転職のときには考えていました。当然ながら経験してきた環境が違うので、野村総研と同じ報酬が得られるほど、現実は甘くはありません。

また、後ほど詳細を述べますが、**企業の報酬水準というのは、本人の能力の有無以上に会社の業績やビジネスモデルなどに左右される場合がある**ことも、この時点で痛感していました。

当時、業績や優れたビジネスモデルをもち、さらに世の中に価値を広げようとしている会社はどこかと考えたときに、浮かんできたのがゲーム制作やSNSの事業を展開するGREEでした。

GREEは私が4社目として在籍した会社の取引先でもあったので、転職のプロセスは比較的にスムーズでした。「社外向け・社内向けと立場は変われど、私が多くの期間やってきたことは、コンサルティングです」という話をしたら、野村総研の給与水準に戻してもらえる条件も含めて、オファーを出していただきました。同社の心意気のよさにも感謝し、入社することにしました。

また、GREEは会社としてどんどん世界展開していく最中でしたが、ガラケーからスマートフォンへ環境が変わっていくタイミングだったので、いろいろやらなければいけないことがあり、**いろんなプロジェクトが起こり、貢献できる点も多い**のではと思ったところも入社した理由です。

管理部門のスリム化を担当することになる

私が入社したときのGREEは、海外展開の一方で急激に売り上げが落ちて、管理部門が結果として重荷となる状態になってしまっていました。そのため、管理部門のスリム化が、私が参画する最初のプロジェクトになりました。私の役目は、部長などが早期退職候補として挙げていた人材が会社を辞めてしまっても、当該業務がきちんとまわるように、業務プロセスを設計することでした。

表向きは残業時間削減プロジェクトでしたが、社員のスキルを見ながら、コンサルタントの経験を活かし、アプリケーションやツールの効率的な使い方を教えつつ、一方で「この業務はアウトソーシングして、社内コストを半分に削減する」といったプロセスをまとめていきました。

次に、そのプロジェクトが一定の成果を出し、プロジェクトが解散になると、人事に異動することになりました。そこでは、役員報酬設計や人員計画の策定を担当することになりました。

今までの経験が組み合わさっていると実感

この経験は私のキャリアのうえで、とても重要なことだったと思っています。

人事を経験することでいろいろと気づくことがありました。たとえば人事部門にいる人は、経営の数字を直接的に見たり、検討したりする機会は少ないと感じました。人をどう

業界、職種をずらしていく例

未経験の業界、職種に転職すると、つまづく可能性が高い。
基本的にはどちらかを「ずらし」て、なりたい自分になっていくのがコツ。

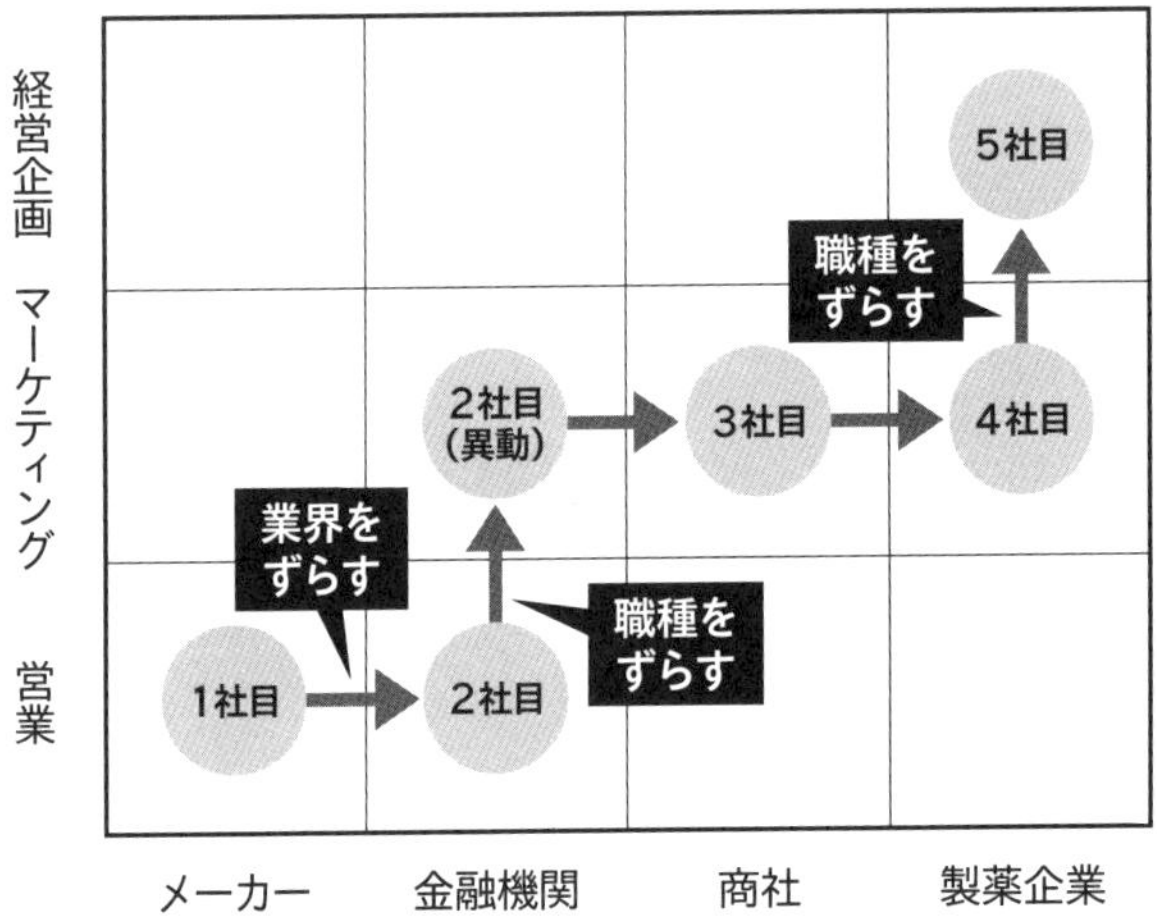

採用するか、人をどう配置するか、評価は部門間で不公平なく適正か、といった確認・調整作業が中心となります。将来設計や事業環境を見たときに「これくらいの人員規模・コスト構造が必要だ」という話をするのは、人事部長ぐらいだと思います。

私はリクルートで求人広告を担当し、4社目のIT系のベンチャー企業で人事を経験しつつ、業務改善の（社内）コンサルティングを行い、加えて以前にドリコムでインターネット事業の経験がありました。各事業部の中期計画を設定するようなことまでは行っていませんでしたが、ある程度どのように事業がまわっていくのかシミュレーションすることができました。

「1人頭の生産性を考えると、人員をこれくらいの規模に縮小する」、「逆にこっちはこれくらい増やさないとダメだ」といったことが、**トータルにシミュレーションできたのは、いろんな業務をマルチにやってきたから**であり、そのことにより、GREEで課せられた問題解決を果たすことができたと感じました。

このとき「**いろんな経験が組み合わさり始めた！**」と実感したのです。

これこそが、**本書の最大のテーマ、「ずらし転職」です。少しずつ働く場所をずらしていき、さまざまなスキルを身につけ、世の中に求められる人材となる**ための考え方です。

この「ずらし転職」を行っていくことで、**スキルを足していくのではなく、掛け算していき、より大きな結果を手に入れる「乗数キャリア」を構築していく**ことになります。

05 掛け算の要素を求めて新しいチャレンジへ

手ごたえを感じたGREEから離れた理由

前節で述べたように、GREEでの仕事には手ごたえを感じていました。それでもなお、私は転職を重ねることになります。ここでは、その理由をお話ししていきます。

ある日、役員報酬を設計する業務を進めていたところに、ある役員の報酬、つまり年収を上げてほしいという要望が届きました。年収を上げたいという気持ちも当然わかりますが、一方で、人員を削減して人件費を浮かせたところに「自分の年収を上げてくれ」と要望してくるのは、筋が違うのではないかと思いました。

この年収アップの話は、人事部長を通じて私のところに来たものであり、つまり、経営陣もその役員の年収アップに同意しているわけです。経営メンバーは優しい方々が多いので、どうやら創業から一緒にやっている仲間に離れてほしくないという気持ちがあったようです。とはいえ、上場企業ですから、何の基準もなく役員の年収を上げることはできません。業務の依頼内容としては、「増額されるこの役員報酬が妥当であるという業績目標達成時のインセンティブをつくってくれ」というものになりました。

この役員は上場企業でも比較的高い年収をもらっている層であったため、比較対象を国内企業とするのは難しく、そのためシリコンバレーの企業を比較対象とするしかないという話を人事部長などにしました。

その後、外部の外資系コンサルティング会社に依頼し、シリコンバレーの企業の役員の水準を調べて、「わが社が最終的に目指すのは世界展開である。そのため、グローバル人材を取り込むには、役員報酬の水準を引き上げなければならない」というようなロジックをつくりました。

そうして会社の要望に応えることができたのですが、一方で、**お客さんのほうを向いて仕事をしていない気がした**のです。加えて、GREEでも社内のプロジェクトを回していたので、「やっていることはコンサルタント業だ」と思い至りました。

それならもう一度、コンサルタントに戻ってみようという気持ちになり、日本IBMへの転職を決意します。

日本IBMを選んだのは、人工知能やオムニチャネルなど、デジタルの領域において先頭を走っている企業だったからです。そこで掛け算の要素を得て、また新しいことを膨らませられたらおもしろいなと思ったからです。

結局、日本IBMで私自身が携わることができたのは、古典的なプロジェクトばかりでしたが……。

掛け算の要素をとりにメガネスーパーへ

日本IBMを辞めるつもりはなかったのですが、たまたまメガネスーパーとご縁がありました。社長や他の役員が企業再生の過程で極めて多忙なため、経営層の意思を現場にうまく伝えられる中間管理職がほしいということで、知人経由で私に声がかかりました。当時、30歳手前だったと思います。

30歳で「企業再生への挑戦」。あと1年赤字だったら上場廃止になってしまう瀬戸際で、黒字転換する挑戦はおもしろいだろうなと思い、転職しました。

このころになってくると、**転職がリスクという感覚はありません**でした。最悪のシナリオとしてメガネスーパーが潰れたとしても、頭を下げ続ければどこかに就職できるという感覚があったからです。

今までITやコンサルタントなど、商売の〝現場〟を感じづらい業界のなかにいたので、はじめて店舗で毎日商品を売るような場所に行くことになり、そこで自分がどこまで力を発揮できるのか、試してみたい気持ちもありました。なので、週末はビラ配りや窓ふきを、ずっとやっていました。

メガネスーパーで得た新しい経験

ビラ配りはやってみると楽しくて、「この家は、ビラを配っても絶対に見ないだろうな」といったことが、家の雰囲気やポストのチラシの数から感覚的にわかっていくようになりました。また、**チラシは効果が0・3%出たら上出来の世界であるということ、来店数が思ったより少ないというのは、店舗に立っているからこそ実感できたこと**です。

どうすれば集客の動線を増やせるかと考え、当時友人が航空会社に勤めていたということもあり、航空系のカードでマイルを貯めたい人たちに向けた「マイル特約店」（注：2019年でサービス終了）というサービスを始め、集客にもちかけました。

それから、指定した単語・キーワードの商品・サービス等を決済した人にだけDMを流すといったこともしました。当然ながら私たちは直接個人情報を見ることはできませんが、カード会社に絞り込み条件を伝えれば、その人たちにだけDMを送るということはできます。そうしてターゲットを絞り込んで送ることで、お客さんの増加につなげました。

また、会社では、コンタクト定期便というサービスを始めていました。店舗に来なくても使い捨てコンタクトレンズを送るサービスで、この定期便とマイル特約店を合わせるととても便利になり、お客さんもやめる理由がなくなります。

そうやって徐々に新規のお客さんを増やしていきました。

06 危機を乗り越えるという人にはない経験をとる

黒字回復したメガネスーパーからの転職

7社目として入社したメガネスーパーが黒字になり一息ついたころに、友人から「日本で新しいITの領域のビジネスをやりたいんだよね」と声をかけられました。

メガネスーパーは黒字になりましたし、自分が力になれることは以前より多くはないだろうと思っていたので、友人から声をかけられたベンチャー企業に転職することにしました。

私のように「社内をあれこれ引っ掻き回す人」というのは、有事のときは重宝されるのですが、ひとたび会社が落ち着くと、新しいことを起案・提案することに対して「せっかく黒字になったのに、なぜまた社内でごちゃごちゃしようとするの」と見られてしまうこともあります。もちろん、当時の私の人としての魅力がまだまだ弱かったのが大きな原因ではありますが――。

そうなると、冒頭の人間関係の話ではないですが、その集団での居心地がよくなくなっていきます。それなら、もう一回チャレンジできる仲間とビジネスをやろうと思い、ベンチャー企業に行くことにしました。

黒字に戻ったメガネスーパーは、日常通りの業務改善を繰り返せば黒字が増えていくということが目に見えていたので次の企業でのチャレンジを選んだのです。

人のとらない経験をとったほうが有利

困っている会社に自ら喜んで入社するというのは、周りから見ると〝おかしな人〟に見えると思います。ただ、「掛け算」という話になったときに、人のとらない経験をとったほうが、希少性が高くなるので、有利です。なので、もはや人生何事もネタにするぞという精神で挑んでいます。

特にいまは、どの会社も求人倍率が上がっているようなご時世なので、たとえ一度失敗してもどこかの会社に異動しやすい、あるいは出戻り歓迎の企業も増えている状況にあります。その点を踏まえると、危機的状況の会社であれこれ挑戦してみるのもよいのではないでしょうか。そういった有事の経験は自分の強みになるでしょう。

07

転職前に把握すべき「自分のこと」

職場の人間関係で必要なこと

先に述べたように、よい人間関係を自らつくるには、「結果として」自分に光があたっていると感じるかどうかがポイントになります。**自分に光があたっていないと感じてしまうと、人間関係や会社の制度などに不満が生まれやすくなります。**

ただ、人間関係というのは、事前に対策を立てづらい部分でもあります。どんな人とどんな仕事をするのかは、かなり緻密に面接をして聞き出さないとわからないことですし、会社によっては配属される部署とは関係のない人が面接をしていたりもするので、誰と働くのかが見えづらかったりします。

先ほど、「結果として」と書いたのには理由があります。**職場の人間関係においては、**

「自分がどれだけ相手に貢献しているか」、言い換えれば、「相手に光を与えている」ということが重要になってきます。

自分の貢献ポイントが見えていないなかで転職してしまうと、**「転職したのに、思っていたより結果が出せない」と感じて、すぐに辞めてしまいかねません。**

○自分が貢献できるポイントを事前に把握しておく

リクルートに移ったころの私が、まさにその状況でした。よい上司や同僚に恵まれていましたが、自分が営業として結果を残せていたわけではないので、思い詰めてしまい、居心地が悪くなっていきました。

上司や同僚がたとえ性格がよく優しい人であっても、職場という環境のなかでは、成果が出せない人にはそれなりの対応をせざるを得ません。そうすると、成果を出せない人はその環境に居づらくなってしまう。職場での人間関係というのは、相手との性格の相性だけで決まるものではないのです。

そのため、**自分がどういった部分で貢献できるかというところは、事前に考えてから転職をしましょう。**自分が貢献できるポイントについて、事前に把握しておかないと、転職しても「なんで転職してきたの?」となりかねないので、それはすごく大事なことだと思います。

経営コンサルタントがプロジェクトの提案をするときと一緒で、この会社に入ったとして、どこにメスをいれて、自分はどこで働いて、どう結果を残せるのかという仮説がないまま転職をしてしまうと、結局口だけの人になってしまいます。「前の会社でこうだった、ああだった」と言い張って、かえってお荷物になってしまいかねないので、そこは事前に仮説を立てておくべきです。

転職先を検討する際のポイント

転職するのは、転職後に活躍して何かしらの成果や経験を積みたいということでしょうから、そこで**活躍する仮説がつくれるかが一番重要**となります。あくまで働く立場であり、サービスの購入者ではないので、憧れやブランドで選んでしまうと失敗につながりがちです。

職務経歴書を書いたうえで、気になる企業や職種の募集要項、もしくは知人などのつながりからその企業の在籍者や経験者を見つけてきて、スキルや風土の合う・合わない、そこで活躍することができそうかといったことを、率直にフィードバックしてもらうのがよいでしょう。

成果が残せる仮説がないと負け戦になる

私もさんざん転職しましたが、転職は次の会社である程度成果が残せる仮説がないと、負け戦になってしまいます。転職前に「自分が成果を残せる分野はどこか」というのを考えずに転職しに行くことは、あまりにも無謀だと思います。

あくまで仕事は成果を残す場なので、資格学校とは違います。若い人に多いのが「こういうスキルを身につけたいから転職しよう」という考え方ですが、「何かで貢献する代わりに、どのような新たなスキルが身につくのか」という視点が抜けているのではないでしょうか。

それでは面接も受かりにくいですし、仮に入社できても、入社してからその他大勢から「抜け出すチャンス」が訪れる見込みはあるのか、考えてみてください。

08 転職前に考えておくべき仕事と給料の関係

「やりたい仕事」と「給料」のバランス

人によっては「この会社の給料が高い」といった環境だけを見て移る人もいますが、そういう点だけで仕事を続けていくのはつらくなります。

会社というのは、人に給料をあげるために存在しているわけではなく、1人ひとりが働いた結果、利益が生まれて給料が発生するのです。会社からもらえる対価だけでなく、自分も会社に労働・価値提供という対価を支払うということを忘れてはいけません。

何かがもらえるという考えだけで転職をしてしまうと、期待に対してズレがでてきた瞬間に、「評価の制度がよくない」「勤務時間が長いのに報酬が高くない」といった不満が生まれやすくなります。

加えて、**給与水準は業界の特性によって決まりやすい**ということも、頭に入れておきましょう。たとえば、鉄鋼系のメーカーで仕事ができる30歳よりも、外資系金融機関の新人のほうが高い年収をもらっています。人だけで収益が成り立つ業界と、人と物の両方に投資しなければいけない業界では、当然給与に違いがでてきます。**本人の仕事の能力と年収は、業界をまたぐと実はそんなに比例しない**のです。

社員でやっていく限りは、どうしても業界特性はつきものです。せっかく鉄鋼の世界が好きで鉄鋼系のメーカーに入ったのに、給与だけが不満で金融機関に転職するというのは、本当に幸せなのか？　ということは考えたほうがよいと思います。

給料の相場は産業によって決まる

私の社会人3年目の年収は、ベースでいうと600～700万円くらいでした。

驚いたのは、私より優秀なメーカーの担当者や有能な経営企画の課長、若手のリーダーの方々とお会いしてお話を聞いても、みんな私より年収が低かったことです。給料というのは、人生経験やベース能力と比例するわけではないということを強く感じました。

年収を上げたいと思ったときに、今の職場で優秀になれば大幅に年収を上げることがで

業種別年収ランキング

順位	業種名	モデル年収(平均)
1位	外資系金融	1315万円
2位	不動産	751万円
3位	専門コンサルタント	716万円
4位	生命保険・損害保険	699万円
5位	証券・投資銀行	696万円
6位	住宅・建材・エクステリア	669万円
7位	環境関連設備	646万円
8位	精密機器	638万円
9位	金融総合グループ	621万円
10位	その他金融	610万円
10位	リフォーム・内装工事	610万円

マイナビ転職
https://tenshoku.mynavi.jp/knowhow/income/ranking/02

きるかというと、それはなかなか難しいと思ったほうがよいでしょう。給与の額というのは、産業のビジネスモデルがだいたいの相場を決めてしまいます。年収を軸に転職活動を考えすぎてもよくありませんが、特に転職の場合は、**給与水準を含めて本当にその業界で働いていきたいかということは、仕事を選ぶ前にきちんと見定めておく必要がある**でしょう。

異動や新しいプロジェクトの就任などは、仕事のなかでも比較的自分の手で調整しやすい要素ですが、年収は調整しづらいといえます。**その会社の給与体系を無視して、急激な昇給を見込むことは困難**でしょう。そのため、給与については入社後に考えるよりも、入社前にある程度見据えておくべきです。

今の会社で年収が上がらないことに悩んでいるから、仕事で結果を残そうと思われるのはポジティブなことですが、自分が少しスキルアップしたからといって、それに比例して年収が上がるというのは幻想だと思ってください。

「自分は何のプロか」が語れるか

もともと「キャリア」という言葉は日本のものではないので、独り歩きしやすいところがあります。

ただ、実は海外でも、辞書によって意味が微妙に違っていたりするのです。私は、**キャリアという言葉の意味を、「何かしら継続的に発展していく専門性」と定義**しています。一度実績をつくれば安泰で、それでご飯を食べていけるというものではなくて、あくまで**キャリアとは、ずっと磨き続けていくもの**なのです。

また、価値を提供して結果として対価がいただけるものであるということも、「キャリア」が含む意味ととらえることができます。何かを極めても、そこに対して人々が対価を払いたいと思えないのであれば、それはあくまで趣味の積み重ねであり、キャリアとは違います。

これが、私が考える「キャリア」です。**対価が支払われるということは、何かしら専門性があり、そこに付加価値が付随している**ということです。だから一言でいうと、「あなたは何のプロか」を語れる経験・知識があるかが、すなわちキャリアがあるかどうかということです。

09 最近の大学生の傾向 いまの時代に必要な意識

「転職前提の就活」をしている若者が多い

最近の大学生が以前の大学生と変わっているのは、「転職が前提の就活を考えている」ところではないでしょうか。先輩が転職をしていたり、いろんな会社のリストラのニュースを見ていたりしているので、転職を前提に考えている層が以前より増えているのでしょう。

そうした意識をもつこと自体が特別悪いわけではありません。ただ、ひとつ注意してほしいのは、最初から転職を前提に仕事を選んでしまうと、仕事にエネルギーが入りにくくなるという点です。「いずれ辞めるから」という気持ちで取り組むと、「この会社で何が学べるか」という受け身の姿勢が強くなり、「この会社でどうしていこう」という当事者的な意識が抜けやすくなってしまいます。

私もさんざん転職している身ですが、入社したときは「この会社で5年、10年やっていくなかで、どうすれば会社を盛り上げていけるかな」という気持ちでいました。**当事者意識があるかないかで、仕事へのこだわり、ひいては仕事の質に差がでてくるので、あまり入社の時点で「3年で辞めよう」とは考えない**ほうがよいでしょう。

出世という観点では、少なくとも私が会ってきた限りでは、出世意欲がある人はあまりいないように見受けられます。出世を目指して、職業、会社を選んでいる人は少ない印象です。

大企業もいつまで事業が継続できるかわからないような状況ですし、出世だけをみても、最後に自分の身を助けられないと思っているのでしょう。加えて、数年前に盛んに用いられた言葉ですが、「ワーク・ライフ・バランス」も頭にあるのではないでしょうか。どうせ出世できないのであれば、それならきちんと定時で帰ることができる職場がよいといった考え方もあると思います。

仕事への「誇り」や仲間意識が重要な時代

「当事者意識」があるかないかで仕事のレベルに差がでてくるというお話をしました。ただ、もうひとつ、会社に入るために「当事者意識」が大切になってくる理由があります。

たとえば、「3年間コンサルタントをやって転職する」と決めたとします。コンサルティング業界が30～40年続いていて、「元コンサル」という肩書をもった人が溢れるほどいるなかで、「あなたからコンサルティングのスキルを買いたい」という会社はそんなにあるのでしょうか、ということです。ほかの職業でもそうですが、外注でも頼むことができる仕事については、「これができます」というスキルだけでは、企業はあえて社員でとる必要はないのです。

単純にスキルをもっているというだけでなく、ビジョンが同じ方向を向いているとか、この業界や職種に誇りをもっているといった「共感」や「仲間意識」が生まれるかどうかで採用が変わることもあります。転職するかしないかは個々人の自由ですが、仕事に対する「誇り」は忘れないようにしましょう。

第2章

内的要因

自分自身を軸にキャリアを考える

外的要因（転職企業・雇用環境）に
縛られすぎないように

01 変動しやすい外部環境 未来は見通せない

外的要因を軸にキャリアを考えない

「VUCA（ブーカ）」という言葉があります。あまり目新しいものではなく、2010年代に入ってから、ビジネスの世界で使われるようになりました。Volatility（変動性）、Uncertainty（不確実性）、Complexity（複雑性）、Ambiguity（曖昧性）のそれぞれの頭文字を並べた言葉です。要は、**世の中の環境の変動要素が高くなり、未来を見通すための要素が複雑に絡みすぎて、従来よりも未来の見通しが不確実になっている**ということです。

たとえば、数年前まではテレビこそがメディアの王様であり、そこを主戦場と考える芸能人たちは、オンライン動画配信の各種サービスをマイナーのものとして脅威とは感じていない様子でした。しかし、状況は変わり、テレビの一線で活躍している芸能人や芸人た

VUCAとは

下記4つの要因により、先行きの見通しが困難であることを表しています。
従来の方法に依存した計画では遂行が難しくなります。

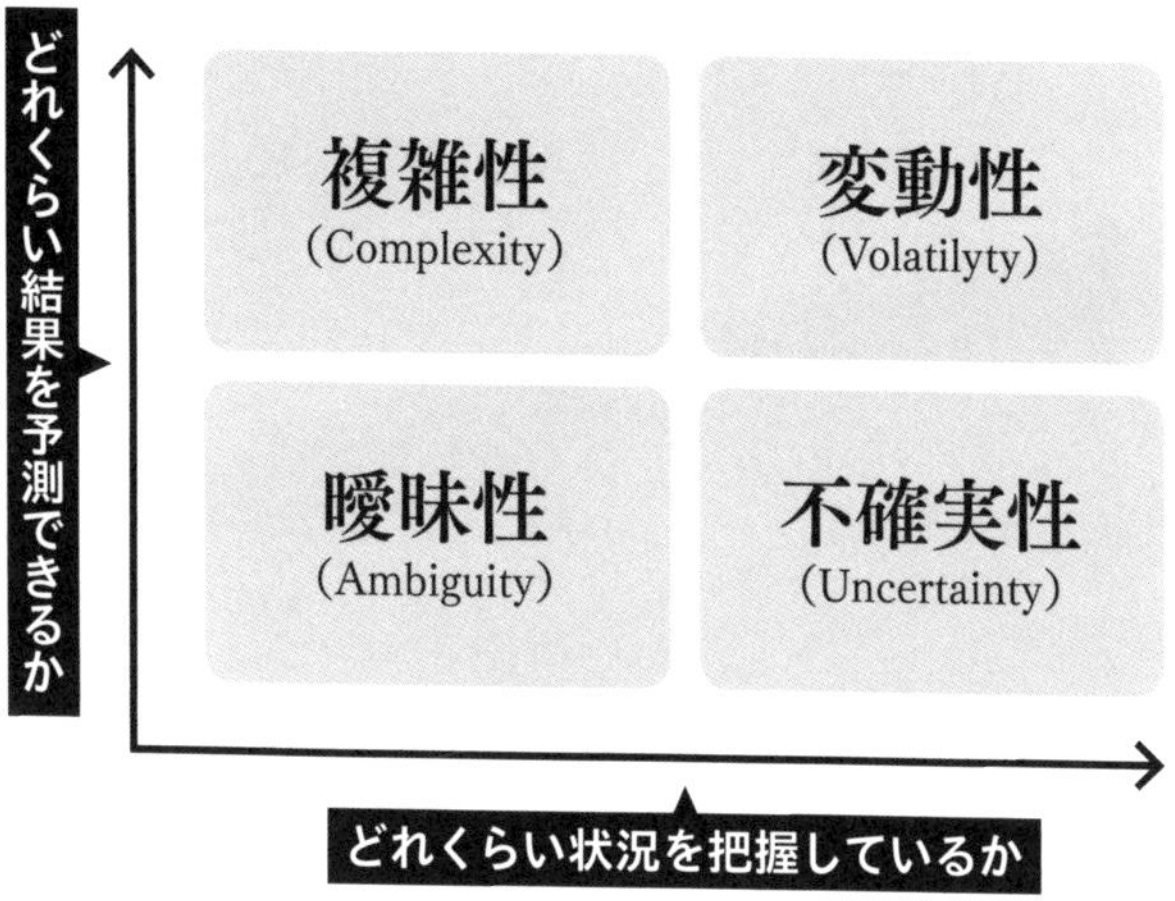

ちもユーチューブに動画をアップするようになりました。

　今後もその傾向は強まるでしょう。そんな時代の流れもあって、子どもたちの「将来就きたい職業ランキング」などにユーチューバーが顔を出すようになりました。しかし、20歳前後の若者が志すならその目標も叶うでしょうが、いまの子どもたちが大人になるころにもユーチューブがいまと同じように利用されているかはわかりません。

　つまり、急速に変わっていく世の中で、この業界、この会社が儲かっているから、そこを目指そう、そこに入社しようというのは無難な選択ではなくなりました。

たとえば30年後の日付と目標を書いて、そこから逆算的に行動しようといったような考え方もありますが、**現在の環境が将来も続くという前提でキャリアを考えても、体現しづらい**世の中になっているのです。

一芸に秀でると別に働く場所がみつかる

そうした話をすると、次のようにいう人もいます。

「この仕事が儲かっているのはいまだけだ。だから、その仕事に就いても将来は保証されないから就くべきではない」

しかし、ここで私がいいたいのは、先行き不安な職業を避けるべきという話ではありません。ユーチューバーが将来職業として継続して存在しているのかわかりませんが、それでも興味ややる気があれば、ユーチューバーになることをおすすめします。

ユーチューバーは、自分がおもしろいと思ったことについて情報を発信し、その動画の広告収入によって利益を得ています。そういった自発的な努力や行動は、打算的に「これを学べばお金になる」と思いながら行うよりも「行動量」が多くなるので、成果が出やすいのです。

たとえ**一時的なテーマであっても、成果を出して一芸に秀でると、自分が携わる業界に限らず、ほかの関連する業界から「うちの会社で働いてみないか」「ぜひ、うちで力を発揮してくれ」と声がかかったりします。**

次にどのような状況の変化があるかわからないなかで、**今後の時代のニーズを読みながら職を探すよりも、トレンドに乗って、そこで一生懸命取り組んでみる。**これからの時代は、そのほうが生きやすいのではないでしょうか。

〝異文化〟へ対応するための準備

かつてインターネットサービス企業に在籍していたころは、ちょうど時代が「紙」から「ネット」へ移っていく最中でした。いろいろな情報が、印刷物ではなくウェブで入手できるようになっていったのです。そうしたなか、書籍や雑誌などの「横にめくっていって読む」感覚から離れられず、ウェブの「縦スクロールで読む」という考え方になじめなかった人たちがいました。

そして、情報を「縦に読んでいく」ということを受け入れられず、適応できなかった人たちは、若い世代の人たちに次々と抜かされていってしまったのです。

同じ会社で同じ職種にいても、イノベーションによって職場に〝異文化〟が突如として入ってくることは結構あります。そのため、**生き残るためには前向きに掛け算的な要素を組み合わせていくべき**です。

アンテナを高くすることが自分の身を助ける

いま、外資系金融機関では、昔ながらのトレーダー職はどんどん減ってきています。なぜかというと、トレーディングの株式・為替売買の取引量が多すぎて、人間が一つひとつ判断していたらミスが起きてしまうし、24時間徹夜で張り付くわけにもいかないので、アルゴリズムを組んで24時間働き続けられるコンピュータに働かせておいたほうがよいという考えになってきているからです。そのため、勝負強い、相場を読む力に長けたトレーダーより、アルゴリズムを組める人材のほうが、投資・相場の世界では重宝されるようになりました。

このように、**同じ業界、職場においても、いまと昔では必要とされるスキルは変わって**

きているのです。

ただし、相場師的な人がいまの世の中では価値が低いのかといえば、そうではありません。これまで主戦場としていた投資の世界ではニーズが減ってきたとしても、別の業界・分野でそのスキルを活かすことはできます。投資の世界で働いていたときとまったく同じ仕事ができるわけではありませんが、情報を取捨選択し、そのうえでどのように決断するのか、といったスキルを活かせる業界は少なくありません。

そのためには、**いま業務に直接必要となる情報・スキルだけでなく、少しでもアンテナを高くして、別の領域を習得しておくと、時代の浮き沈みのなかでも自分の身を助ける**ことができます。

02

興味関心とキャリア「好き」を仕事にする方法

趣味×仕事の掛け算は成立するのか

「好きなことを仕事にしよう」という考え方があります。就職・転職サイトのTVCMなどでそのようなフレーズを耳にすることがありますし、若い世代の就職への考え方が大きく変わってきたこの10年くらいで、広くいわれるようになった印象です。

ここまで掛け算することでキャリアをつくっていくと述べてきましたが、では、好きなこと＝趣味を掛け算してみるとどうなるのでしょうか。

「仕事が趣味だ」といったことをいう人もいますから、まず趣味と仕事の違いを定義しておきましょう。

私はその違いを「価値提供をしているか」「価値提供をしていないか」と考えています。

そのため、趣味×仕事という掛け算が成り立つかというと、すべての領域がそうとはいえないでしょう。趣味も極めればほかの人ができない特技としてアピールできたり、強みになったりすることもありますが、「趣味」＝「価値提供していない」と考えれば、その掛け算はむずかしい状況もあるということです。

趣味の業界をクライアントにする

それでも、趣味×仕事で成立しそうなものはいくつもあります。

ひとつ例を挙げるとすると、趣味の市場で困っている人がいるところに、ビジネスとして入っていくというかたちです。

たとえば、私はビールが大好きで、若いころからたくさんビールを飲んでいましたが、ビール業界には就職しませんでした。ビールのつくり方について多少語ることはできますが、本職の職人の方とお話しすると、何を語っているのかちんぷんかんぷんだと思うことも多々あります。ビール業界の人でなくても、「この人にビールを語らせたらすごい」と一目置かれている人たちにはかないません。

しかし、そんな私ですが、現在はご縁もあり、新規事業開発やウェブマーケティングという枠組みで、ビールに関する仕事に関わることができています。このように、自分の仕事の専門性を活かして、趣味の業界をいかにクライアントとするかという観点は有効な考え方でしょう。

趣味というのは自分本位のものであるため、どうしても「お客さまのニーズ」という視点が抜けやすくなります。これは、趣味と仕事の掛け算の成立を阻む要因のひとつです。自分視点で物事を考えてしまうと、他者のニーズを見落としやすくなります。すると、誰も求めていないものをつくりがちになり、ビジネスとして成功する道から外れてしまいやすくなってしまいます。

1に満たない数字を掛けると解は小さくなる

もしも、段階を追ってではなく、最初から趣味と仕事を一緒にしたいと考えているのであれば、はじめから趣味を徹底的に極めたほうがよいでしょう。**趣味の領域を極めた後に、仕事の領域の専門家に協力をあおぎつつ、新たにウェブマーケティングを覚えるなど、仕事の領域を深掘りしていくことで、ビジネスを成り立たせていく**という方法です。

SNSが活発な現代では、趣味として発信していたものが大きな反響を呼んで、利益を

一定の成果を上げたものを掛ける

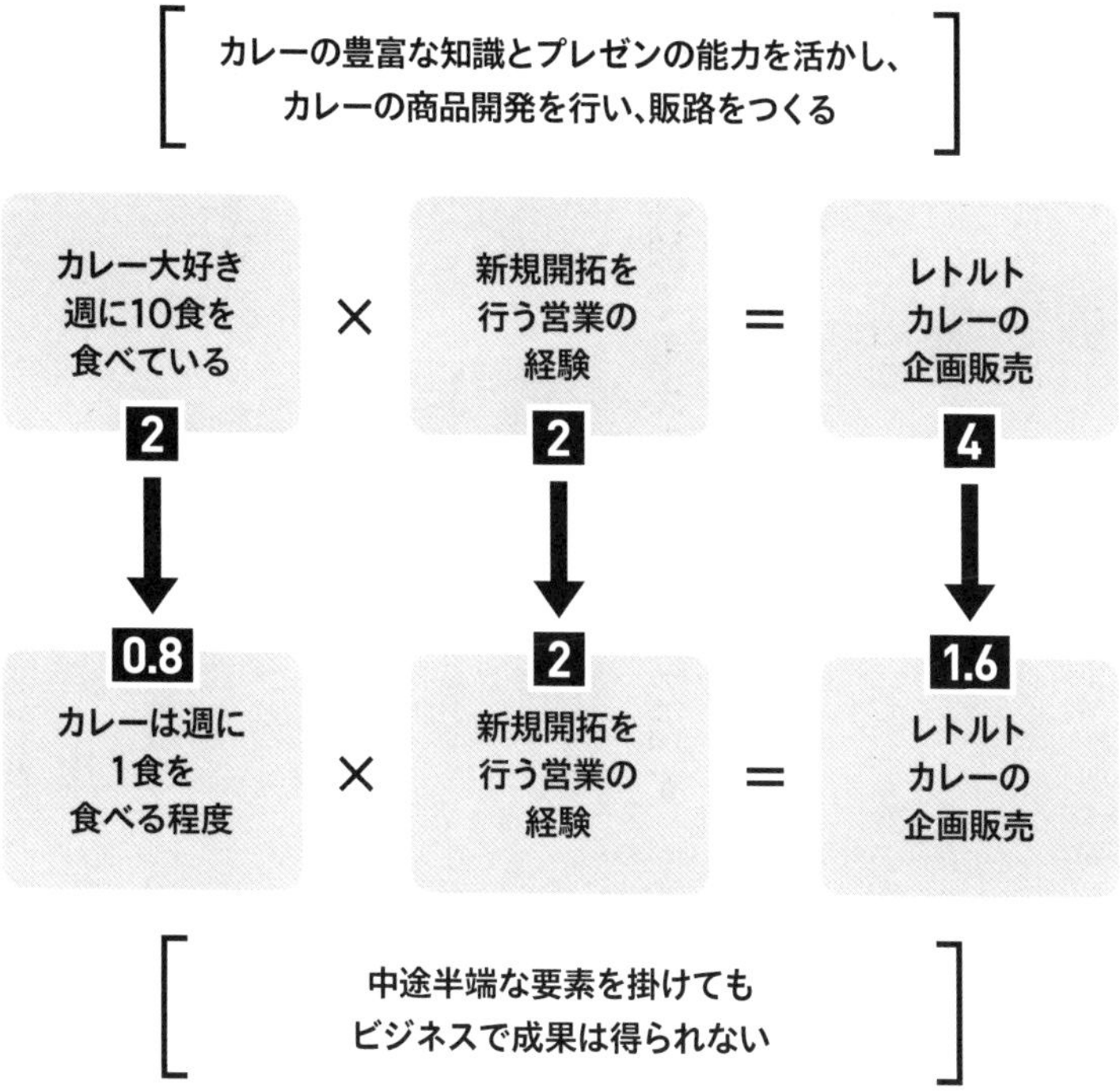
カレーの豊富な知識とプレゼンの能力を活かし、
カレーの商品開発を行い、販路をつくる
カレー大好き
週に10食を
食べている
2
×
新規開拓を
行う営業の
経験
2
=
レトルト
カレーの
企画販売
4
0.8
カレーは週に
1食を
食べる程度
×
2
新規開拓を
行う営業の
経験
=
1.6
レトルト
カレーの
企画販売
中途半端な要素を掛けても
ビジネスで成果は得られない

生むことも多々あります。そこからのビジネスを狙うのであれば、中途半端にするよりも、徹底的に極めていったほうがマーケットで戦いやすいのではないでしょうか。

掛け算でキャリアをつくっていく際に注意したいのは、**中途半端な要素を掛けても、大きな効果が得られない**というところです。

算数でも同様ですよね。3×0・5＝1・5となるように、1に満たない小数点以下の数字を掛けてしまうと、逆に解が小さくなってしまいます。なんでもかんでも「2つの要素があるから掛け算です」というわけではありません。これは掛け算でキャリアをつくっていく上で大事な考え方です（69ページ参照）。

興味関心は頭で考えるより行動で探す

自分は何に興味関心があるのか……。

模索中の人もいるのではないでしょうか。自分自身の興味関心については、自分の頭の中だけで考えていても意味がありません。頭の中だけで考えて、答えを見つけようとすると、間違えた方向に答えが出やすくなります。

たとえば読書をするときに、読み続けても飽きないテーマの本と、読み始めて3秒で眠くなるテーマの本があるでしょう。一方で、「なんだ、これ?」と思いながら、読んでみると意外とのめり込んだという経験がある人もいるでしょう。このように、自分の興味関心は、直接いろんな分野に触れることで見つけやすくなります。

そのため、社内でさまざまなプロジェクトに手を挙げたり、ほかの部署の人の話を聞いてみるということは、自分の興味関心の分野に気づく、とてもよい方法といえます。

就活生や転職者でも、頭の中で「私は何が好きなんだろう?」と考えて結論を出す人がよくいますが、頭の中だけで結論を出さず、直接話を聞きに行ったり、可能であればいったん副業で挑戦してみて手ごたえを感じるか試してみて会社を選ぶなどしたほうが、仕事のミスマッチを事前に防ぐことができます。

味噌ラーメンと、塩ラーメンと、醤油ラーメンのいずれも食べたことがない人に対して「どのラーメンが一番おいしいと思う?」と聞いても答えられません。カップ麺でもいいから、ひとつずつ食べてみないとわかるはずがないのです。

「興味があると思ってやってみたけど違った」というのも、よい経験でしょう。終身雇用制度が過去のものになろうとしていくこれからの時代は、どちらかというと**「違った」と思ったときにまた動ける精神状態にもっていける自分であることのほうが大事**ではないでしょうか。

03 仕事が辛いと感じるストレスとの向き合い方

○ストレスを感じるなら仕事を辞めるべきか?

「ストレスを感じるくらいなら仕事を辞めろ」という意見もあります。特に、会社の社長などに多く聞かれる意見です。きっと自身が独立したときの経験、会社を成長させていった経験などから、このような考えになりやすいのでしょう。肉体的、精神的に追い込まれていても、自分が志した道なのでストレスを感じずに仕事をしているのかもしれません。

社員の気持ちを考えると一概にはいえず、むずかしい点もありますが、一方でこの意見は、理に適っているところもあります。ストレスを抱えながら仕事をするということは、生産性の高い行為ではありません。状況を判断する際などに、過剰にネガティブな発想をして時間がかかるなどしてしまいます。

それならば部署異動を願い出たり、転職を考えるというのも、会社と働く人お互いにとってよい選択ではないでしょうか。

どこから来るストレスなのか見定めること

ただし、次の選択肢を探すだけでなく、**自分が感じているストレスがどういったタイプのものなのか、ストレスの原因はどこにあるのかということは、きちんと見極めておきましょう。**

たとえば、水泳選手が「明日からアメフトをやれ」と命令されて、アメフト選手として活躍を求められることになったとします。当然ながら、「なぜ、そんなことをしなきゃいけないのか」と思うでしょう。これは、とても大きなストレスになります。しかし、水泳選手がオリンピックに向けて厳しい練習を続けることも、まったくストレスがかからないわけではありません。自分を追い込む激しいトレーニングの辛さも、ひとつのストレスになります。

一口にストレスといっても、避けるべきは前者のストレスです。後者のストレスは一流の選手の仲間入りを果たすために必要なものであり、単純に「辛い」と感じたから辞めるというのは、少しもったいないように感じますよね。

ひとつ注意したいのは、ストレスの原因について、自分で分析・判断しようとすると「あの人が嫌い」「こんな異動の判断をした会社はおかしい」といった、少し見当違いな結論に至りやすいというところです。

ストレスの原因については、業務と関係がない第三者と会話をするなどして見定めたほうがよいでしょう。たとえば「上司が嫌い」と話をしたとすると、相手は多くの場合、「どんな上司なの?」「どういうところが嫌いなの」と聞いてくるでしょう。そうすると、「私が○○の業務が苦手なことを知っているのに、その仕事ばかりを依頼してくるから」と答えるかもしれません。すると、実は上司ではなく苦手な業務があることがストレスであることがわかります。

そうした「真のストレスの原因」を見極めなければ、極端な話、苦手な○○の業務を行う別の会社に転職し、再度その仕事を依頼してくる上司のことが嫌いになり……そして辞める、といった状況にもなりかねません。

もちろん、パワハラやセクハラ、長時間労働といったことがストレスの原因であれば、その職場はすぐに辞めるべきです。

ストレスに打ち勝つためのアドバイス

ストレスを感じたときは、一度初心に戻り、その会社に入社した動機を見つめ直すとよいでしょう。

私も野村総研に在籍していた当時、上司から「資料の完成度が低い」など辛辣なことをいわれて、その修正のために深夜3時まで働いて……といったことで肉体的にストレスがたまって辛く感じることもありました。

しかし、「コンサルタントとして企業を変革したい」「最先端のテーマで、お客さまと一緒に世の中に新しいしかけを示していきたい」といった、入社時の動機に立ち返ると、このストレスは目標へのプロセスの一部だと思うことができました。自分の目標や夢、将来の展望といった、**現在過ごしている日常より高い世界観の話に思いを馳せると、「乗り越えていきたい」というポジティブな気持ちが生まれ、ストレスに打ち勝つ**ことができます。

また、「これは一時的な試練だ」「この壁を乗り越えれば、いまより上の仕事ができるようになる」と視点を切り替えるのも、ストレスを乗り越えるために大切な考え方です。

04 まずは自分を知ること 思考特性・行動特性を見極める

人には働き方や思考プロセスの違いがある

人には論理的か直感的かといった特性の違いがあります。ひとつのことを深掘りしていくのが得意なのか、ある程度マルチに掛けもちをしてプロジェクトを進めるのが得意なのかといった特性の違いもあるでしょう。**働き方や思考プロセスの特徴など、個々人の持ち味は大きく違います。**

たとえば、一点集中型の人の場合は、ひとつのことに集中して取り組める環境で仕事をしたほうがよい結果を残せます。しかし、そのようなタイプの人が営業職に就いて複数のお客さまを担当してしまうと、お客さまそれぞれに対してどう対応していくべきか、その思考が浅くなり、結果が残しにくくなります。その結果、ストレスがたまりやすくなってしまいます。

また、集団で働きたいタイプなのか、個人で働きたい〝一匹狼〟タイプなのかという点も、一度考えてみましょう。集団に属して、そのなかで貢献したいタイプの人が、一匹狼の成果主義のような職場で働こうとすると、途端にストレスがたまっていき、限界がくれば仕事を辞めてしまいます。これは仕事ができる、できないという話ではなく、あくまで特性の問題です。

独立し会社を立ち上げた人たちと話をする機会も多いですが、彼ら社長は、仕事ができる人たちには違いないのですが、一方で指示を受け、タスクをこなしていくという社員適性がないような人も多くいるような印象を受けます。社長になるくらいの人たちですから、社員時代も優秀な結果を残してきたことは想像できますが、それでも自らの特性を十分に発揮できていなかったのではないでしょうか。

仕事で結果が出せずストレスがたまれば、さらに結果が出なくなるという悪循環に陥ります。それで仕事を辞めるようでは、次の仕事へつながることもありません。前述したストレスの原因に加え、**自分がどういった特性をもっているのかということも、きちんと見定めたほうがよい**でしょう。

従業員適性がないから「独立」という選択

私が先輩から教えていただいたことのひとつに、**思考と行動特性の7類型**があります。たとえば、人に合わせるのか、自分で切り開いていくのかといった違いや、大きな困難が来たときに立ち向かうのか、逃げ道を探すのかということ、「自分がどうなりたいか」を中心に考えるタイプと、「他人にどうあってほしいか」を考えるタイプなどに分けることができます。

また、内向・外向といった話や、抽象化して捉えるのが得意なタイプ、具体的に考えるのが得意なタイプといったものなど、さまざまです。これらの**思考特性・行動特性については、人にも見てもらったうえで自己診断をしましょう。**

おそらく、私自身は従業員適性がありません。たまに「独立していてすごいですね」といわれますが、社長をやられている人のなかには、自分は社員として働くことに向いていないというのがわかったから独立したという人が意外と多くいます。

従業員適性というのは、よくも悪くも「人に合わせる」ということです。従業員適性のない人は、社長でもないのに「この会社はこうすべきだと思うので、こういうことをやり

思考と行動特性の7類型

マッチ	人に合わせる	ミスマッチ	自ら進んでいく
向かう	目標に向かう	逃げる	困難を避ける
自己	自分中心型	他人	他人中心型
内的	エネルギーが内向き	外的	エネルギーが外向き
詳細	細かいことを見る	一般	大局を見る
連続	ひとつを連続して進める	並行	複数を並行して進める
能動的	積極的に働きかける	受動的	受け身で待つ

ました！」と勝手に動きやすく、場合によっては会社がそれで混乱してしまいます。

要は、指示通りに動かないのです。自発的に考えるのが得意なので、独立には向いていますが、会社員をしていると、中間管理職の人から管理しにくい社員だと思われやすいです。それが会社の査定に響くと、「評価もされないし、このままやっていてもどうしようもない」と考えて、独立していく傾向にあります。

それを知らず独立したり、社員として働いているのは、もったいない話です。

05

「強み」はあるか・ないかではなく相対的なもの

自己分析
内的要因
年収UP
転職活動
行動確認

○「強みを持って」というが、ない人はそもそもいない

「自分自身の強みをもて」とよくいわれますが、自分の強みがわからないという悩みをもつ若者は多くいるでしょう。私がよく大学生に伝えているのは、「**強みは相対的である**」ということです。

たとえば、個人の特性について、ひとつの軸で比べてしまうと「Aさんはすごく活発で楽しそう」「それに比べてBさんは外向性が低い人」という評価になりやすいです。しかし、外向の反対は内向であるということです。内向的という特性は、目の前の物事に集中しやすいとも考えられます。また、直感に優れている人と対極にいるのは論理的に説明するのが得意な人というように、AさんとBさんは、お互いに強みの場所が違うだけで、ど

強みとは、習慣化された「他者との違い」

強みは苦手なことの「対極にある」と考えると見出しやすい

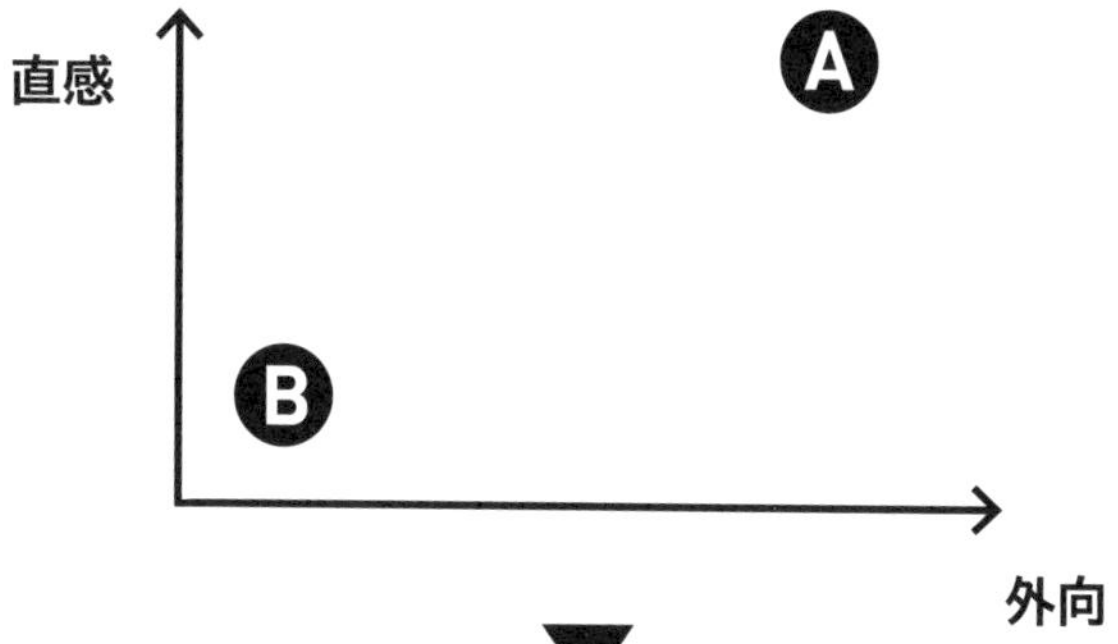

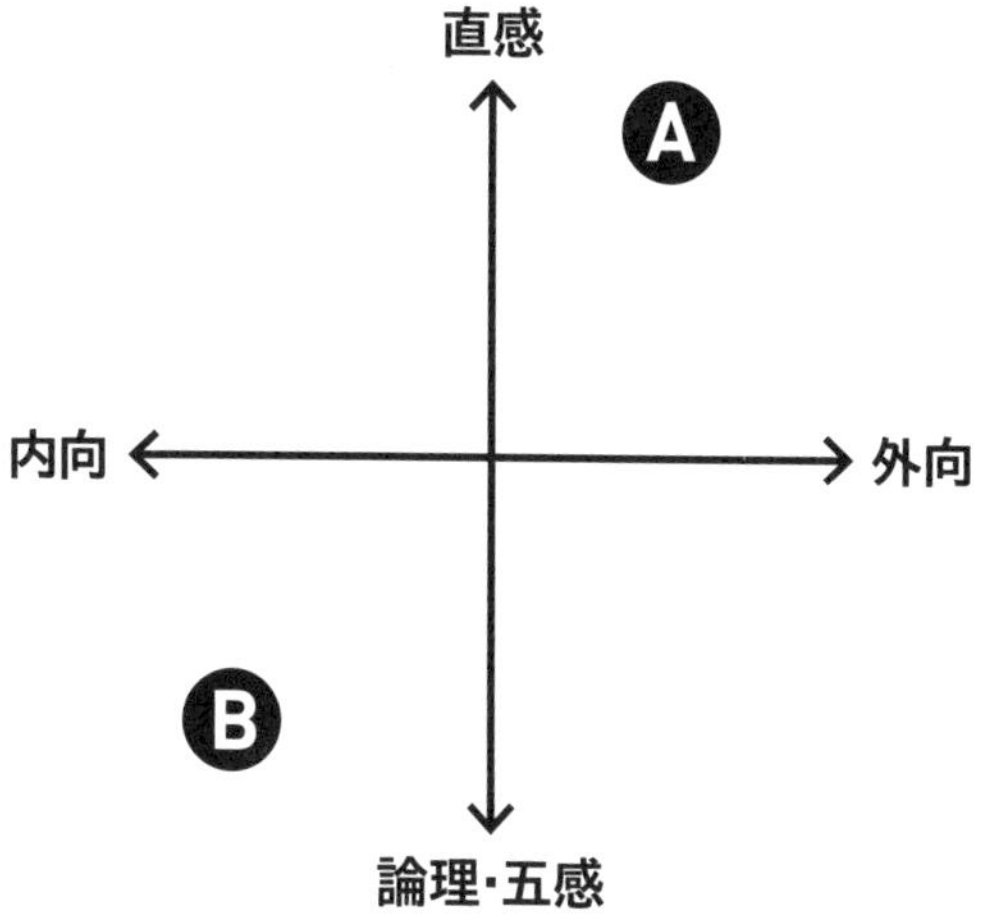

ちらかが優れていて、どちらかが劣っているという話ではありません。

自分に合った環境を見つけて成功した事例

自分の特性をうまく生かした例として、先輩からとてもおもしろい話を聞きました。

とあるデザイナー業をされている人の話です。その人は、夜はバリバリ仕事をされるのですが、どうしても朝に弱いタイプのようでした。そのため、会社員としてはうまく力を発揮できなくて、自分のことを低く自己評価していたようです。

ですが、独立したら成功して、すごく儲かるようになりました。自分の特性にあわせて仕事の時間を夜に設定したところ、「明日の朝までにやらなければいけない」といった緊急の仕事が入ってくるようになったのです。そのような緊急のときは「お金でどうにか解決したい」と思っているクライアントが多いので、入ってくる仕事の単価もよく、突貫的にやらなければいけない日にその人に発注すると必ず朝までにやってくれるので、そういった部分も評価され、ビジネスを成功させることができました。

外部要因に軸をあわせてキャリアを考えると、力が発揮できないことがあります。自分の特性を見定めたうえで、活躍できる環境を選ぶというのも大事なことです。

06 強みをキャリアへ生かす自分に合う仕事の選び方

自分の強み・適性に合った職場の見つけ方

次の職種や業種に移るときには、必ずどのような職種・業種なのか「先人に聞く」ようにしましょう。自分の勝手な推測だけで考えないこと。これが、期待と現実のギャップを可能な限り埋め、自身が「乗数（掛け算）」をうまく活用して活躍していくヒントになります。

また、先人のいない分野は、成功事例もなければ、失敗事例もありません。その場合は、「出戻れる場所（会社や元の部署）」をきちんと確保しておくことをおすすめします。過去への安心感や、未来に対するかたちのない不安に縛られずに、思いっきり新しいことにチャレンジすることが、次の場所で結果を出すコツでしょうから、そのための地ならしをしておきましょう。

先輩方に聞くにあたり、有益な情報を引き出すには「いまの職種や業種ではどういった適性があったのか」を振り返ることが大事です。これについても、個人的に行うと視点が偏ってしまうかもしれないので、同僚や先輩、気心知れた外部の知人などに協力をお願いするとよいでしょう。

他者との会話で気づく自分の「強み」

強みというのは、ほかの人からしたら当たり前ではないことを、当たり前にやっているような、そういう習慣の裏付けにあることが多いと私は感じています。そのため、**自分以外の他者と会話することで気づきやすい**のです。

私も、人から「どうして人がやらないプロジェクトばかりやるの?」といわれて、はじめてそれがほかの人にとって当たり前ではないということに気づきました。私は人がやらないことに挑戦して、自分のなかで新しい経験を積めるということが好きだったので、いまもいろんなプロジェクトにチャレンジしています。

社会人3〜4年目くらいのときに人から指摘されて、「これが自分の強みなのではないか」と気づきました。自分にとって当たり前のことになりすぎていて、盲点になっていたのです。

自分の強みに合った働き方の見つけ方

自分の特性と合った働き方を探すときに、必ずしも自分の参考になる働き方をされている人が身近にいるとは限りません。

たとえば、自分は真面目で信頼を得て仕事をしていくタイプだけど、社内で成功している人たちはハツラツとしてコミュニケーション能力が高く、その強みを活かして仕事を回している人ばかりというような状況もあると思います。そういったときは、社外にメンターをもつとよいでしょう。

メンターとは、仕事をするうえで、人生を生きていくうえで、指導してくれたり、アドバイスをしてくれたりする人のことです。同じ仕事をしていなくても構いません。「どのように仕事に取り組み、成果を収めているのか」といった部分で、自分の参考になる人を見つけられると、働き方のヒントを得ることができるでしょう。

マイノリティ（希少性）は強みである

また、前述のように周囲に自分と似たタイプの人がいないという状況下では、自分がとても**「希少性の高い存在」**になります。得てして「私は浮いているのではないか」「この会社に向いていないのではないか」などと考えがちですが、逆です。自分にとってとても有利な環境なのです。

社内には、ハツラツとしてコミュニケーション能力が高い人がたくさん在籍しているといった環境においては、「ハツラツとした人」というのは、言葉は悪いですが替えが利きますよね。でも、それに対して自分の「真面目で信頼を得やすい」といった特性をもった人は社内に少ないわけですから、会社全体で見ると希少性が高いものになります。

会社や組織を回していくためには、いろいろな役割が必要です。特定の個性だけで運営されている組織は、そうはありません。そうすると、**会社で少数派の自分は替えの利かない「この人が抜けたら困る」という状況になりやすい**というわけです。

なので、そういったマイノリティがあるのであれば、マイノリティであることを強みとして活かすように考え方を変えてみてください。

○いろんな経験をしているほうが有利

また、**社会人経験のなかでさまざまなトライ&エラーを繰り返している人のほうが、強みを見つけやすい**といえます。

私の場合、営業は向いていなかった、ルーティーン作業は向いていなかったという一方で、未開拓のプロジェクトに挑戦することは向いていました。そういった自分の強みは、実際にいろいろな場所、状況で働いてみてわかったことです。

注意したいのは、ひとつの部署にずっと配属されている人です。同じ仕事を続けていると、その業務のスキルがついてきて、ある程度仕事ができるようになります。そうすると、そのスキルが自分の強みだと錯覚してしまいがちですが、実際のその人の強みが、その職務スキルと一致しているかというと、必ずしもそうではありません。

「長く続けていること」と「自分の強み」はイコールの関係にはありません。たとえば、その職務で独立できるかと考えたときに、「これで飯は食っていけない」「独立したいとは思えない」と考えるのであれば、それは本人の持ち味を生かした仕事ではない可能性があります。せっかく仕事をがんばっているのに、少しもったいないと思います。

07 キャリアを開くきっかけ よい人脈のつくり方

いもづる式で人脈を得る「社外メンター」

外部でメンターを探す際に、自分がまったく知らないところにいきなり飛び込むというのは、なかなか不安があるのではないでしょうか。

まずは、**自分の身の回りにいる優秀な人から「この人は誰から学んでいるのか」「どういったところで人脈を得ているのか」ということを聞くことから始めてみましょう。**身の回りにいる優秀な人が、イベントや飲み会、勉強会に参加しているようであれば、思い切って同じ場所に飛び込み、その人を通じて、そこからいもづる式で出会いを見つけることをおすすめします。

また、学生であれば、就職活動でOB・OG訪問をする際に、優秀な先輩たちに会うことがあるでしょう。OB・OG訪問をした会社のなかで自分が実際に就職する会社はひとつなので、**選ばなかったほかの会社の優秀な先輩たちはすべて「社外メンター候補」になります。**そういうところからメンターをつくっていくのもひとつの手です。

人脈ゼロでもメンターをつくる裏ワザ

また、**社外メンター候補のひとつとして、意外と狙い目なのは「本の著者」です。**出版記念イベントや、あとがきの感想フォームなどからコンタクトをとることができるため、「おもしろいな」と思った本の著者に直接アクションを起こしてご縁をつかみに行ってみてはどうでしょうか。

小説家や漫画家は話がまた別ですが、ビジネス書や啓蒙書の**著者からすると、本の読者、つまりファンを無下にはできません。**ビジネス（本業）では十分な評価を得ていても、本の評価となると読者と対面する機会は少ないので不安なものだったりします。そのため、一度お会いできたり、送ったフォームへの返信をもらいやすいのです。

普段本を読まないのであれば、自分の好きなオンライン上の記事を書いている人が出した本から辿る方法もあります。ただし、オンライン記事は単発・断片的なものですので、最終的にはひとつのテーマでまとまった本を読んでみるとよいでしょう。

この方法は、人脈がなくてもメンターを探すことができる方法なので、やりやすいのではないでしょうか。

最近のトレンド「SNSの有効活用」

近年はSNSからのつながりというのもあります。

フェイスブックはリアルのつながりが強く、急に見知らぬ他人にメッセージを送ると無視されやすいので、ツイッターなどのほうが交流のツールとして使いやすいでしょう。**ツイッターで情報発信されている人に対して、引用リツイートで自分なりの学びを書くと、向こうもさらにそれを引用してくれることもあり、人脈づくりのきっかけになることがあります。**


私自身、ツイッター経由で人と知り合い、仕事の発注につながったこともあります。また、最近では中小企業の経営者がツイッターで情報発信をして、社長同士で連絡を取り合い決済する流れも起きています。

それから、最近では採用をツイッター経由で行っている会社もあります。全従業員がツイッターアカウントをつくり、会社や個人の仕事に対する価値観の情報を発信すると、そこに対して就職希望の問い合わせがくることもあるそうです。メンターとは違う枠組みですが、SNSのつながりとしては、そういう使い方もあります。

お金を払って人脈をつくるのもひとつの手

SNS以外にも、オンラインサロンを活用するという方法もあります。**定着率のよいサロンだと、サロンオーナーがコメント1件1件にフィードバックをくれたりして、有効活用できます。**

情報やノウハウ・経験という価値があるものに対しては、お金を払って取りにいくことが一番手っ取り早いことです。人のご縁はあくまで「ご縁」なので、意図的につかみにいこうと思っても難しい場合もあります。

そういうときは、お金を払って解決できることは、お金を払って解決するのも大事でしょう。オンラインサロンといっても、高いところでも1万円を超えることはないので、交流のために参加している飲み会を1、2回我慢すればよいと思えば、お得ではないでしょうか。

08 読書から教わる学び本との付き合い方

先輩から受け継がれてきた本

働くにおいて私がよく参考にした本としては、『20代 仕事筋の鍛え方』(山本真司著)があります。これは、大学生のころよく読み倒しました。「自分のマシンパワーが弱いのに知識やハウツーといったアプリケーションを使っても意味がない」といったことを語った本です。

この『20代 仕事筋の鍛え方』は、転職を検討している20代の社会人に対して、社外の先輩が教育していく物語形式の本です。

基本のマシンが弱ければ、アプリである知識やスキルは使い物にならない、というのが本書の主要なメッセージです。この本はスキルやハウツーに走り勝ちになる自分に対して、社会人としての「極端にがんばる」「学び続ける」などの基礎体力の重要性を教えてくれます。

これは転職にもいえることで、たとえ移動先で新たな経験に触れたとしても、自身の基本能力が弱ければ、将来の〝宝〟にはならないことを教えてくれるのです。

就活をしていたころに、先輩から勧められて読んだ本で、自分より先に進んでいる先輩がおもしろいと言っているのなら、とりあえず読んでおこうという感覚で読みました。同じ理由で、本を読むときは人からすすめられて読むことのほうが多いです。

それから、三枝匡さんの本は何度も繰り返し読んでいます。コンサルタントから経営者になった人たちが、どういう考え方で世の中を見ていて、どういう仕事観をもっているのか、というようなことは気になります。

もうひとつ好きな本は、リクルート出身の方が書いた『Hot Pepperミラクル・ストーリー——リクルート式「楽しい事業」のつくり方』(平尾勇司著　東洋経済新報社）という本です。これは後輩にもプレゼントで渡したりしています。

戦略ができたうえで組織に血が通るというのはどういうことか、といったことが事例をもとに書かれている非常によい本です。

繰り返し読むことで気づく価値観の変化

一度読んだ本は繰り返し読むことが多いです。スポーツなどもそうですが、**「教わったことを明日から改善できるか」といわれても、なかなかむずかしい。そのため、同じ本をふと思い出したときに繰り返し読み返して定着させています。**

また、同じ本を繰り返し読むと、**以前読んだときに自分が気になったところとはまったく違うところが気になるという発見もあります。**以前は戦略の詳細がおもしろく感じていたものが、だんだん戦略を考える前の、経営者の悩みのほうが学びが深く感じるなど、同じ本を読んでいても見るポイントが変わっていたりします。そういう意味で、同じ本を何度も読むことはとてもおもしろいです。

09 働き方改革による変化と新人のマインド

○本人の可能性をつぶす制約はいらない

働き方という点で、ここ数年で大きなターニングポイントとなることが起こりました。みなさんご存知のように「働き方改革」です。関連法も施行され始め、企業としてもいよいよ無視できない状況になりました。

まず問題視されていたのは、長時間労働です。残業ありきでビジネスが成り立っているというのは、ビジネスのあり方として違うと思うので、その点では働き方改革による制約はよいものだといえるでしょう。人間の集中力には限界がありますし、長時間働けば成果が出るというものではありません。

しかし、**「今期の目標は達成しているけど、もう少しチャレンジしたいことがある」**と

いう気持ちに対して「働き方改革で制限されているからやっちゃダメ」というような、本人の可能性の目を潰すような杓子定規な見方は、するべきではないと考えています。

特に、人の数もお金もないベンチャー企業では、想定以上の売上を達成するためには、最後は「時間」しかリソースがありません。本人がやりたいと思うのであれば、「残業＝悪」と捉えず何時間でもチャレンジできる環境があってもよいのではないでしょうか。

私が新人だったころ、同期みんなが不夜城さながらにがんばって働いていました。先輩にコテンパンにいわれて、それに対して本人たちが「くやしい」「なにくそ！」という気持ちで「明日までにすごい企画をつくって目にモノ見せてやる！」と躍起になっていました。

少なくとも、自分で自分の成果に納得できるまでやらないと、自分自身が満足できないのです。そういう**ポジティブな行動や、悔しさをバネにした成長意欲というのは、あってもよい**のではないでしょうか。

私が新入社員だったころから10年以上経っていますが、過去に在籍していた会社の現在の新人たちのマインドは、私が新入社員だったころとあまり変わっていません。ですが、働き方改革の影響なのかどうか、少なくとも3日後にできればよい仕事を「明日までにやって」というような、上司の無茶なリクエストは減ったと聞いています。

働き方改革によって消えた「業務のムダ」

企業によりけりだと思いますが、それでも全体として見ると、働き方改革によって残業時間は減ったといえるでしょう。コンサルティング会社は世間のほかの業種の企業よりは残業時間が多めの業種ですが、それでも以前と比べると短くなっています。

特に変わったと感じるのは、レポートを200枚も300枚つくるような作業が多く、調査分析に時間をかける傾向があったのが、素早く仮説をつくりながら市場での反応を確かめ改善を繰り返していく内容のものが増えたところです。

働き方改革によって、「物量多ければよし」という仕事が減ったことはよい効果だと思います。**優先順位が低い業務は何かを考えるきっかけになった**という意味で、私は働き方改革に賛成です。

新人には「自分で失敗した経験」が必要

しかし、そういった「レポートを200枚、300枚つくる」というような一見効率が悪いと思われる業務がまったくなくなるのがよいかといわれると、私はそうではないと思います。最初から上司に正解を教えられて、それに従っているだけでは、「自分で失敗した経験」を得ることができません。効率ばかりを求めず、自分のなかで試行錯誤するという習慣はあったほうがよいでしょう。

かつては、そうしたある種無謀な量の作業で試行錯誤する経験を得られましたが、前述のように減ってきています。これから会社に勤めようとする人、キャリアが始まったばかりの人たちは、量的な面での試行錯誤がなくなった分、指示に対して思考停止にならず、いろいろと考えをめぐらせてみてください。

キャリアに掛け算して大きな成果を得られる経験というのは、そういうことで得られていくと思います。試行錯誤とは、仮説を立て、実践し、検証するという作業です。理論のみではなく、仕事で求められるスキルを肌で感じてください。

経験のみで語るのも不十分ですが、理論だけで語るのもまた不十分ではないでしょうか。私は「肌感」（肌感覚）と呼んでいますが、それぞれの仕事で求められる微妙なニュアンスは実践することでしか得られません。

ずらし転職で、いろいろな仕事、職種を経験していくことは、それぞれでこの「肌感」を養っていくことにもつながり、それがその人物の希少性を高めるのです。

第3章

年収UP

1000人に1人のキャリアをつくる方法

まずは自力で
“小さな山の頂”を目指そう

01 1000人に1人の人材になるのはむずかしくない

戦う領域を絞っていく

1000人に1人のキャリアをつくる方法。

そういうと、少々大げさに聞こえるかもしれません。たとえば、必死に努力を重ねて仕事だけに人生を捧げて得るようなキャリア。もしくは、特殊な才能をもった人がつくりあげるキャリア。年収を大幅に上げていくためには、それくらいのことをしてキャリアをつくりあげていかなければならないのでしょうか。

はたしてそうかというと、そんなことはありません。最大のポイントは、**いろんな仕事を経験して、戦う領域を絞っていく**という考え方です。1000人に1人といっても、既存の世界で上位に食い込んでいく必要はありません。たしかに上位に食い込めれば年収は上がりますが、ビジネスで大切なのは上位にいることではなく、重宝されることです。「マーケティングのプロフェッショナルでナンバーワンになる」というと、たとえば大手外資系ブランド出身者に勝つのはむずかしいですが、そこに「デジタル」という要素を掛けるだけで、少し勝てる兆しが見えてきます。

さらにそこに個別の「産業」という要素を掛けて、これまでマーケティングが行き届いていなかったという分野で挑戦することができると、そこで実績が出せたときに「その分野であれば、この人にマーケティングを聞いたほうがよい」という評価が得られやすくなります。

自分が重宝されるポジションをつくる

このように、**「この分野のことだったらあの人に聞いてみよう」というポジションをいかにつくるかというのが、重宝されるきっかけになる重要なポイント**です。**1000人のなかでナンバー1になるのではなく、あくまで1000人いて1人しかいない人材になる**ことが大事なのです。

もちろんナンバー1を目指すのもよいですが、10年20年先を進む先輩方がいるなかで、同じ分野で同じ戦い方をするのは効率が悪いといえます。明治維新の新撰組に刀では太刀打ちできなくても、素人であっても騎馬隊を用意すれば勝てるかもしれない。このように、どこか戦う場所・方法を変えるのも、戦略のひとつです。

人が少ない分野を狙って挑戦するというのは、効率的に希少性をつくれるよい方法です。社内で出世したいと思ったときに、簡単に先輩の経験実績を軽んじてはいけません。先輩方にはこれまで市場で積み重ねてきた経験があります。真っ向から戦うよりは、自分の希少性を磨くことに力を入れてみるとよいでしょう。

とにかく「新しいテーマ」を選ぶ

掛け算の要素として、産業を横軸として渡っていける力を身につけることをおすすめします。さらに産業固有の知識ではなく、マーケティングや営業、経理のように、いろんな業界を渡れるような力があると強いでしょう。

また、個人的におすすめしたいのは、とにかく新しいテーマを選ぶということです。特に**若い人は、熟練者があまりいないテーマを選ぶとよい**でしょう。先述したように、10年、20年で培った経験と人脈、知識を数年でひっくり返すことはかなりむずかしいです。目標に設定するのはあまり賢いとはいえません。

一方で、いままで経験を積んできた人たちは、あえて自分のキャリアを捨ててまで失敗するかもしれない領域に挑戦するという選択を取りづらく、つまりチャレンジしにくいので、若い人のほうが新しいテーマに対して積極的に経験をつかみにいきやすいのです。そうして**新しいテーマで掛け算の要素がつかめれば、あとは自分の好みでほかの好きな産業と掛けあわせていく**こともできます。

社内でも「新しいテーマ」をもっておくと強い

あたらしい産業やテーマに旗を立てておくと、経営者や上層部の目にとまりやすいという利点もあります。会社のトップにいるような人たちは、「最近、このテーマについてよく耳にするけど、実態はどうなっているのかわからない」と思っていることがあります。**新しい分野についての知識をもっていると、年齢やポジションに関係なく直接上層部と話をする機会を得られる**ことがあり、キャリアが広がるチャンスをつかめます。

たとえば、60歳の取締役員同士の会話で「最近流行しているTikTokって、どうなっているの？」と話題にあがっても「名前は聞いたことあるけど……」となってしまいます。しかし、「私は個人でＴｉｋＴｏｋを配信していて、フォロワーがこれだけいます」という情報が上層部の耳に入ったら「一度話を聞かせてほしい」と声をかけてもらえる可能性が高まります。

そこから、「実は企業のマーケティングにおいても、ＴｉｋＴｏｋを使っている企業は業績が伸びていて……」と伝えるだけで、会社の動画マーケティング担当を任せてもらえたり、もしかしたら会社のなかで専任の部署をもたせてもらえたりするかもしれません。キャリアのチャンスはどこにあるかわからないのです。

ほかの人とは違うルートで昇進した事例

私の知り合いに、この〝横道〟をつかって、30歳で事業部長になった人がいます。もともと大学時代に落語家を目指していたような人で、芸能の分野に興味があったのですが、結局、人材派遣会社に就職をしました。

しかし、芸能が好きだったので、会社のなかで、舞台や音声ナレーターといった芸能系のプロ人材を、イベント会場やイベントショーを行う企業に派遣・紹介する事業を立ち上げたらおもしろいのではないか、といった趣旨の企画を考えました。すると、偶然にも社長が、ちょうどプロ経営者人材のような人を社内で育成したいと思っていたようで、彼の企画が採用され、30歳で事業部長に抜擢されることになったのです。

その後も、社長と密にコミュニケーションをとれるようになり、会社の悩みや組織の悩みなど、個別の相談を受けるような関係を続けています。

現在、事業部長と人事部長を兼任でやってみないかという打診もされているようです。営業一本のキャリアを続けていたら、あと10～20年かかるようなポジションです。たまたまできた横道にうまく乗っかったことで、彼は上手にキャリアを切り開くことができました。

新しいテーマや社内で誰もやりたがらない仕事をになってみるというのは、上層部と接点がもてるきっかけになります。

02

「誰もやらない」ことに手を挙げると希少性が高まる

「私がやります」と手を挙げれば環境が変わる

ここまで度々希少性について話をしてきましたが、「ずらし転職」においてとても重要なことなので、あらためて詳しく話をしておきましょう。

これは、私自身の体験談になります。

3社目のドリコムのとき、離職率の激しいカスタマーサポートセンターの採用に関するプロジェクトについて、外部の専門事業者に任せるという大枠だけ決めたまま、誰も手を付けていないという状況がありました。開発や新規事業、新サービスが好きな社員が多く、みんな忙しいこともあり、そちらに手をまわすことができなかったのです。

見かねて、私が「やります」と手を挙げて、そのプロジェクトを進めることになったのですが、それから事業部長と直接話す機会が増えました。

結果として、本当なら人件費を社内であと1000〜2000万円追加しなければいけないところが抑制されて、コストを抑えることができ、事業部内でMVPをいただくことができました。その後、事業部の事業部長だけが集まる経営会議の旗振り役を任され、その後の事業戦略について重要な議論の意思決定を任されることもありました。

このように、**人がやらない仕事をやるというのが、希少性を上げるひとつの方法**です。上層部からすると、「ちょうど困っていたところを助けてくれた」という感覚になり、その後も話をもちかけられやすくなります。

○希少性と価格の構造

とにもかくにも、**比較されないポジションづくりが大切**です。

価格が決まる構造として、希少性が高いものには、それに見合った価格が支払われます。どこでも飲めるビールはどんなにがんばっても1万円を超えることはありませんが、30年寝かせたワインは数が限られ希少性が高いので、1杯1万円でも納得して払ってしまいます。**希少性と価格は連動する**のです。

人と同じに見える単一的なキャリアは横比較されやすく、「経理だったらこの相場」という判断がされやすいです。しかし、「経理×ITツール×事業側のマーケティングの経験」というふうに**複数の要素が掛けあわされると、横比較できるマーケットが少ないか、そもそも存在しないいため、「価値がある」と認められるとある程度自分の希望年収を伝えても承認されやすくなります。**

自分の希少性を上げることは、自分の希望する年収やキャリアを築くために重要なカギになります。

自分の周りの10人のなかで1番になる

「10分の1の人材」というとハードルが高いように聞こえますが、これはすべての人材のトップ10%という意味ではありません。

たとえば、「身近にいるマーケティングが強い人」といわれたときに、マーケティング担当者10人のなかで名前を挙げてもらえるくらいのイメージです。**周りの10人のなかのトップに選ばれるのは、それはそれでむずかしいことですが、ここに経理を掛けたり、デジタルを掛けたりすると、ハードルはかなり下がります**（加えて経理を習得する、という

3分野で上位10%になる

10人が在籍する部署で1番になれるテーマを3つ探す。

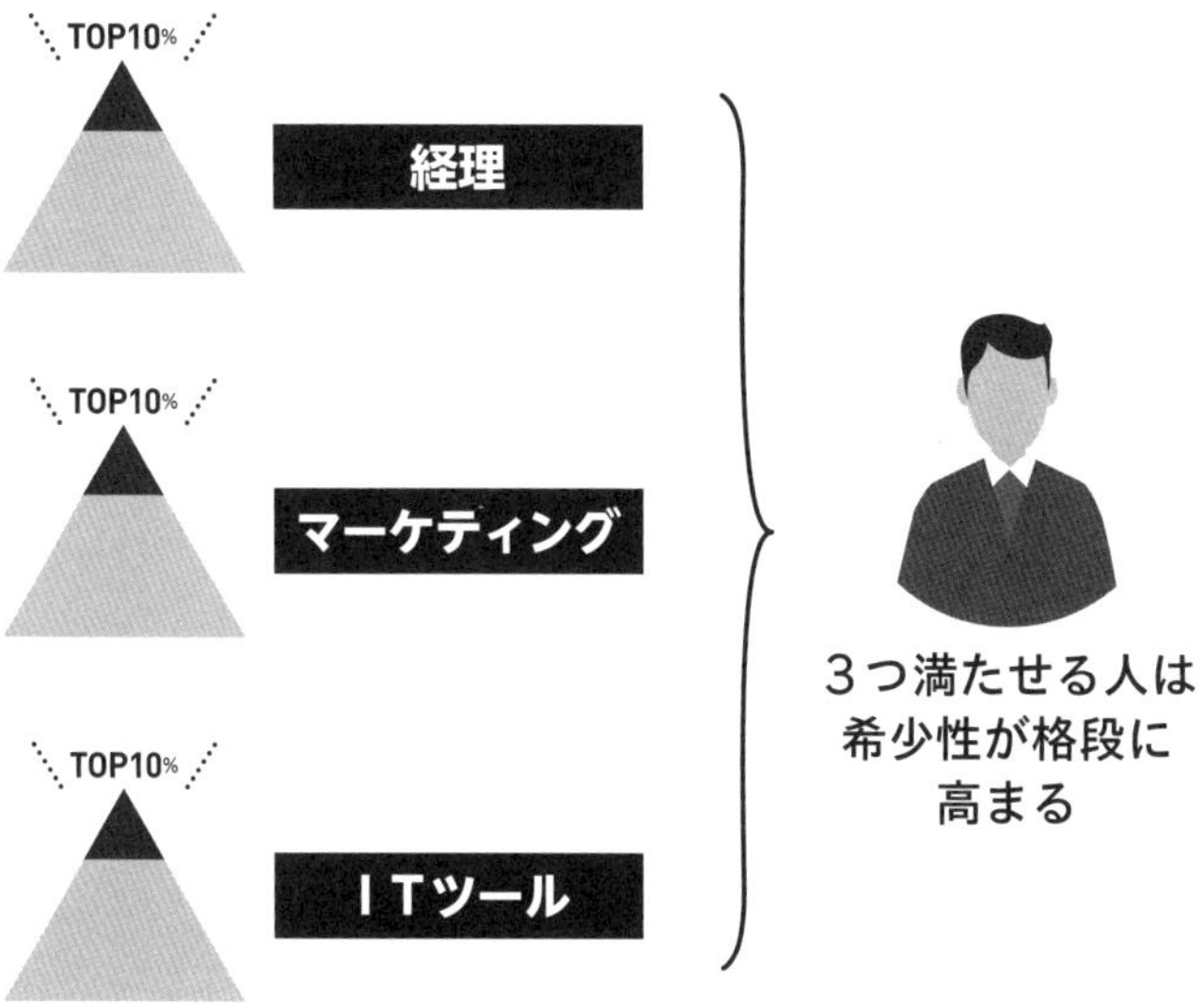

3分野で上位10%になれば……

$$\frac{1}{10} \times \frac{1}{10} \times \frac{1}{10} = \frac{1}{1000}$$

1000人に
1人の
人材！

点では日々勉強することのハードルは上がりますが）。周りを見渡して、穴になっているテーマを見つけ習得すれば、さらにハードルは下がります。

「周りの10人のなかで1人」というのは、目標としては立てやすいのではないでしょうか。加えていえば、他社のマーケティング担当者も10人ずついて、競合企業が10社あれば、100人のなかの10人です。さらに掛け算をすれば、100人のなかの1人になれるのです。そうすれば、他社にさらによい条件で転職することも可能になってきます。

人口が少ない産業に触れる

かつてコンサルタントはつぶしの効く職業といわれていました。いままでコンサルティング業界の人間が転職しやすかったのは、そもそもコンサル業界自体の間口が狭かったので、掛け算がしやすかったのが理由のひとつでしょう。

いまは「元コンサルティング会社出身者」が市場に溢れかえっているので、これからコンサル業界に行っても、簡単に10分の1になれるとはいえません。

現状、WEBやスマートフォンアプリケーションに強い人は、どこでも引く手数多になっています。これからデジタル化したいという大手企業であれば、デジタル担当人材を探していたりするので、働き先は多くあります。時代に合わせて、これから触れるべき産業はどこか見極めましょう。

社会的に見たときに人が10分の1しかいない産業や、新しいテーマを取り込んでおくと、少なくとも5年10年は希少性が高くて引く手数多な存在になれます。

時代の動向を把握しておくべきなどといわれますが、やはり、**常にこれから起こる新しい産業やソリューションのテーマに触れておくことは大切**なのです。

03 「ずらし転職」を始めよう 最初の一歩の進み方

足し算でキャリアをつくっている人が多い

ここまで掛け算でキャリアをつくっていく話をしてきましたが、実際のところ、やはり**掛け算ではなく足し算でキャリアをつくっている人のほうが多い**ように感じます。

知人からキャリアの相談を受けることもありますが、よくいわれるのが「人事の仕事をしていたので、別の企業でも人事の仕事をしたい」といった、同じことを別の場所でしてみたいというものです。

このような考え方は、一見すると経験する業種が広まり、よいことのように思えます。

しかし、人事の仕事も、いままでは人材エージェントに協力してもらいながら面談を設定したり、人材会社を使って求人広告を出すことが主流だったものが、いまは人事が自ら

SNSを使って情報発信したり、うまく広報と連携してマーケティングしたりしないと、人が集められない時代に変わってきています。

はじめは異動で掛け算の要素をつくる

このように環境が変わっているなかで、「ずっと人事で求人広告の作成や採用プロセスの調整や配置だけをやってきました」という人が、はたして将来も人事として必要とされるのでしょうか。

そう考えると、一度社内で異動をして、事業サイドでマーケティングなどの違う分野にチャレンジするなど、違う経験も持ちあわせていたほうが、仮にベンチャー企業で想定していた業務とは違う業務内容もすべて自分でやらなければいけないという状況になったとしても、片手落ちにならなくてよいでしょう。

足し算キャリアのほうが自身の心境として安心なのはわかります。加えて、採用する側も過去にやってきたことの延長線上にあるので、採用の理由を納得しやすいということもあるでしょう。考え方としてはスタンダードですから、これを大きく覆して転職活動を行うと難易度が格段に上がります。

そのため、キャリアを掛け算していくときは、**いきなり転職で掛け算をしようと思わずに、社内異動から始める**ことをおすすめします。

人事としても「本当にこの人を採用してもよいのか」という不安を抱えているなかで、いままで在籍していた会社で結果を出したことがない人を、「この人、人事部に在籍していたようですが、面接で話をしてみたらマーケッターとして優秀なように思ったので採用しましょう」とは判断しづらいです。

しかし、社内で人事としてとても優秀な成績を収めた人が「最終的に人事に戻ったとしても、優秀な成績を収められると思うのでマーケティングをやらせてください」というのであれば、「2年間やってダメだったら人事に戻します」という条件付きで異動というチャレンジをとることもできます。そのため、**いきなり転職するというよりは、はじめは異動から挑戦する**とよいでしょう。

「飽きたから転職」は賢い選択ではない

転職をしようとするときは、ひとつの「軸」を決めて転職先を検討し、決定するようにしましょう。

たとえば、マーケティングを軸に大手企業からベンチャー企業、ＢｔｏＢのメーカーからＢｔｏＣのメーカーに移るといった「ずらし方」をして、同じマーケティングでも企業規模や商品が異なる際にどのような手法を用いるのか、これまで自分が経験していない別のやり方を学ぶのです。加えて、新たなマーケッターと知り合う機会ができるわけですから、そうした人たちからも学ぶことも多いでしょう。

また、ほかにも、たとえば営業からマーケティングに移りたいということであれば、広告代理店の営業を担当するというのもひとつの手です。

そうすると、お客さまのさまざまなマーケティング支援をするので、結果として、仕事を通じてマーケティングスキルも高めることができます。その経験を活かして、今度は自ら予算をもってマーケティングの仕事に当たるということも可能性として出てきます。そして、営業経験もあるので、販売活動と連動したプロモーションや商品企画もできるようになると思います。

もしくは、食品業界を軸に大手企業の営業から同じ食品業界のベンチャー企業のマーケティングに移るといった「ずらし方」です。

自分のポテンシャルがわからない状態で、まったく未経験の分野に行くことは、あまり賢い選択ではないでしょう。**業界も職種も変えてしまうと、業界の経験値も、職種の肌感**

もないため、結果を残しにくくなってしまいます。

そのため、「少なくとも、その業界の肌感はわかる」というように、ひとつ同じ軸のうえでずらしていくことがおすすめです。転職を、ただ単純に飽きたから、新しい職種や職場に異動すると捉えてしまうのはよくありません。

あくまで**「次の異動先でどんな貢献ができるのか」という考え方が原理原則です。これをなくして、新しい異動先にいったとしても、得られる経験・学びは少なくなってしまいます。**

04 社内にいながら掛け算の要素をつくっていく方法

異動がむずかしければ、まずは「結果を残すこと」

異動を願い出ても、社内の人員の都合もありますし、なんでも受け入れられるわけではありません。そうした状況で単に人事異動を待つのではなく、社内の部署異動が難しい場合は、まずはいまの環境で結果を出しましょう。

「そんなに簡単に結果など出せないよ……」と思うかもしれませんが、急激にスキルを上げることができなくても、結果を出すことはできるのです。

106ページで、私が社内の調整がつかずに進められない案件に対して担当になることを申し出たという話をしました。同様に、たとえば部長や直属の上司から「実は困っていることがあるんだけど、みんな忙しそうだし、ほかの部下にも依頼できなくて」と相談されたときに、それを引き受けてみるだけでも、大きな結果、実績となります。

この結果は、上司のなかで「困ったことを聞いてくれる部下」という認識をうながし、自分の希少性を高めることにつながります。秀吉が草履を温めていただけで信長に気に入ってもらえたという逸話みたいな話ですが、ほかの社員はその「困った案件」を経験していないわけですから、差がつくのは当然です。

上司にとっての希少性があがれば、また別の仕事を任されて、社内で確実なキャリアをつくることができます。雪だるまづくりのように、最初の一歩をくるっと動かして、着々と新しい雪をくっつけていき、少しずつ大きくしていきましょう。そして、どんどん大きな仕事を任されるようになれば、同期のなかでも差が生まれてきます。

結果を出すというのは、営業成績でトップになる、大きな案件の企画を成立させる、といったことだけではありません。

新入社員がやるべき仕事

新人として入社した会社での仕事の取り組み方のコツとしては、「選ばない」ことが大切です。何が向き不向きかわからないなかで、自分の感覚だけで選り好みすると、先輩からの「仕事を任せたい」という信頼を失う可能性があります。

働き方改革の時代に逆行したことをいうようですが、いろいろと吸収できる時期だからこそ、なんでも夢中になってやってみるという、ある程度の負荷をかけることが大事でしょう。

そして、1年目である程度信頼を積めば、そのうち**先輩からプロジェクトを任せられるなど、自分からすれば背伸びに感じるチャレンジが与えられるでしょう。それを受けて、少し内心ひやひやしながらでも、最後までやりきってみましょう。**先輩からしてみたら、成功するイメージが見えているから任せているのであり、本当に困った状況になれば、サポートに入ることも想定して任せているはずです。ここで「無茶振りだ」とはとらえず、新人はとにかく背伸びをすることが大事です。

積み重ねてきた結果でしか実力はつくられません。その機会が来たらまずは逃さないことです。背伸びしてチャレンジするというのは、かっこいいプロジェクトを狙おうとして選り好みするのとは違います。

05 安定志向の人こそ考えるべき「ずらし転職」

○のほほんとしていると茹でガエルになる

「ずらし転職」というのは、自分のなかで「仕事をがんばっていきたい」という意思がある人が考えていることだと思います。そのため、ここまで読んで「私は安定して、ひとつのことを地道にやっていきたい」「環境を変えるのは、私にとってはリスクだ」と考えた人もいるかもしれません。

ですが、安定志向の人であっても、ある程度はキャリアをずらしていかないと、〝茹でガエル〟になってしまいます。最初は水に入った状態で冷たいかもしれないですが、次第に慣れてきます。そのうち温度が上がって快適になって、やがて熱湯になっていることに気づかず、そのまま茹で上がってしまうという具合に……。

生きていると何があるかわかりません。技術的な進歩などがあって、ビジネスの環境は常に変わっていきます。1日ごとでは、その変化に気づきませんが、1年、2年経つとずいぶん変わっているものです。特に近年はＩＴの進歩、変化が目覚ましく、それにともない事業環境も様変わりしています。

○気づいたときにはもう遅い

少々厳しいことを言いましたが、変化に気づいたときにはもう遅いという状況になることも多々あります。

私は、金融機関の総務系の仕事をずっと続けていたある年配の方が、いざ定年退職をしてからやりたい仕事を見つけても、なかなか転職がうまくいかず、後悔している姿を見たことがありました。そのため、「気づいたものの、すでに対応策が見つからない」という状況が本当に起こり得ることを知っています。みなさんにも、後悔しないように、自分のキャリアをつくりあげてほしいのです。安定した道を進もうにも、その安定を得るのがむずかしい状況になっているのです。

今後もいまの職業が存在するかわからない

前述したように、ユーチューバーという職業が5年後存在しているかわからないように、ほかの仕事も同じように存在しているかはわかりません。

経理や総務の仕事は、ずいぶんとＩＴによって簡略化されるようになりました。管理業務にしても、書類を処理することではなく、グループウェアをいかに運用するかという仕事に変わってきているように思います。そうした際に、グループウェアの運用を「私の仕事ではない」と決めつけているようだと、今後総務担当者として会社に必要とされなくなってきます。

一口に「ずらしていく」といっても、部署を異動する、別の会社に移るというだけでなく、担当する業務のやり方をずらしていくといったことも考えられます。安定して、いまの仕事を続けていくためにも、そうした小さなずらし方もあるのだと知っておいてください。

第4章

転職活動

転職先は「ずらし」で選びキャリアをつくる

掛け算の要素を
どう見つければよいか

01

キャリアが始まった20代いま、何をすべきか

○20代前半は掛け算のひとつ目になるものを磨く

掛ける要素がしっかりしたものでなければ、以降に何を掛けても大きな結果は得られません。20代前半は、これからのキャリアの土台づくりの期間となります。新卒で入社してから**最初の3〜5年間は、掛け算のひとつ目になるものをしっかりと磨いていく**ようにしましょう。

仮に新卒で入社した会社を1年で辞めたとしても、次の会社での2年間も仕事の軸を変えずに最初の土台をつくり上げたほうがよいと思います。入社してみて、「やっぱり私のやりたいことはこれではない」と考える人もいますが、そこでまったく別の仕事を選択することに対しては慎重であるべきです。

前述したように、人が会社を辞める理由の上位には「人間関係に問題があって辞めた」「評価されなかった」といった、業務の内容と直接関係ないものが並びます。そうしたなかで、「嫌なことを忘れて心機一転、別の仕事を始めようと考えてまったく別の仕事を選んでしまうと、キャリアを積み上げるうえであまりプラスにならない可能性があります。何が嫌で辞めたのか、何をしたいと考えたのか、あらためて自己を省みて、次の選択を行うべきです。いま、転職市場には「第二新卒」という言葉がありますが、この「新卒」という響きゆえか、キャリアの〝リセット〟〝やりなおし〟ととらえる人も多くいるように思います。

まだ職業人生は始まったばかり。**「気持ちを切り替えて」と考えることを否定はしませんが、仕事の内容と会社固有の問題を混ぜこぜにして考えないようにしたいものです。**

20代後半のうちに次の要素をつかむ

そして、20代後半。土台ができてくるころです。

20代のうちに一度、次の掛け算の要素を掴みにいくのがよいでしょう。土台が完成した次のステップとしては、転職よりも社内の異動をおすすめします。

20代後半の人は、「自分が市場に対して何だったら、価値提供できるか」を棚卸ししてみましょう。5年、10年社会人としての経験を積んできたなかで、どの領域だったら自分の力を発揮できるのかということを把握します。

そのうえで「そこそこ片手間で仕事ができているな」と感じる人には、一度大幅な社内異動や転職をすることをおすすめします。そして、**次の職場で自分の想定外の環境のなかでどこまで結果を残せるか、チャレンジしてみる**とよいでしょう。

30代はチャレンジのタイミング

30代の人は、**何かひとつ世の中にとって新しい分野にチャレンジする**ことをおすすめします。

会社のなかで新規事業に挑戦するのもよいですし、デジタルや人工知能、ブロックチェーンといった最新のテーマに取り組むのもよいです。30代になると周囲に対して説得力のある実績もできてきます。社内に経験者がいないテーマに対しても「あの人がやるといっているのだから、任せてもよいのではないか」と理解を得やすく、したがって手を挙げやすく、業務を始めやすいのではないでしょうか。

40歳くらいになると、いまの会社で一度大きな実績を残している場合に、あえてその旗を降ろして新しいところに行くというチャレンジがしづらいことがあります。そのため、30代前半が一番チャレンジするのによい年齢なのです。

新しい分野で実績を残すことができれば、社内外問わず「あの人に話を聞こう」と指名してもらいやすくなり、その結果、その分野に興味をもっている人から直接アポイントが来て、いままで話す機会がなかった取引先と接点がもてるといったチャンスも生まれやすくなります。

では、現在40代の人は、これまでの実績に基づいた仕事をこの先進めていくべきなのかといえば、そうではありません。

最近の40代は元気な人が多いので、40代で新たなチャレンジを選ぶこともあるでしょう。既存の事業部で同期に出世競争で差をつけられているというのであれば、その場所で燻っているくらいなら、30代の人と一緒に新しい分野にチャレンジしてみるというのも選択肢として有効だと思います。

02 事業部門側と管理部門側 次は何をすべきか

現場の人は会社のしくみを知る

職種別のアドバイスとして、ここでは大きく分けて事業部門（現場）側と管理部門（コーポレート）側について、それぞれ話をしていきます。

マーケティングや営業などの現場側にいる人は、一度経理や人事などのコーポレート側を経験するとよいでしょう。お客さまを見ることは当然大事なことですが、一方で**会社を支えているコーポレート側がどのような機能をはたしているのかなど、会社全体のしくみを知る**ことも大事です。

コーポレート側を経験して経営側が考えていることを知ると、「現場の私たちが偉い」というような偏った考え方になることを防げます。

現場を理解して管理できる人材を目指す

逆に、いままでコーポレート側にいた人は現場サイドを経験してみましょう。コーポレート側にいる人は、会社全体を俯瞰して見ることが多いため、個別の現場に対しての理解がおろそかになりがちです。そうすると、現場サイドから「俺たちの苦労も知らずに」という不満が生まれやすくなってしまいます。

また、**人事異動や財務のポートフォリオを考えるうえでも、事業の肌感はあったほうがよい**のです。たとえば、最適な人事異動の配置を考えるときに、「この産業は現状このような競争環境になっているから、こういう人の配置をしたほうがよい」ということを肌感でわかっていないと、一方的な理論、自分の空想だけでとんちんかんな配置をしてしまいかねません。

加えて、それぞれの現場で求められる資質、特性などもわかりますし、より適切な人事を行えるようになります。

現場側にいる人も、コーポレート側にいる人も、いまとは別の職種を経験し、両方の立場を知ることをおすすめします。

03 将来独立したい人に掛け算キャリアは有効か

独立を視野に入れるなら掛け算の経験は必須

独立を視野に入れるのであれば、なおさらずらし転職で掛け算の経験をもっておくことが大事です。なぜなら、**社内ではライバルが2〜3人しかいなくても、世の中に出ると同じステージで戦う人がとても多くなる**からです。

たとえば「Webサイトをつくれます」といったときに、世の中に溢れかえっているWeb制作会社のなかから選ばれるには、何かしら専門性があることが大事になってきます。社内であれば「あいつはがんばっているし、かわいいところがあるから仕事を任せてみよう」ということもありますが、社外の人にそこまでする義理はありません。そうすると、案件を受託するためには、「何に卓越しているか」が、とても大事になってくるのです。

20代は、まずは最速出世を目指す

20代前半で、**独立を視野に入れながらとりあえずいまの会社に就職したという人は、まずは最速での出世を目指しましょう。**その実績自体が独立のときの証明になりますし、最初の掛け算の要素を有益なものにできれば、自分の糧になります。

以前、有名な音楽プロデューサーがとてもおもしろい話をしていました。

あるアイドルグループのメンバーは、基本的には女優になりたくてもなれなかった、歌手になりたくてもなれなかった子たちが集まっています。しかし、グループに在籍後、女優としてドラマデビューできる人たちがいます。彼女たちは、**「アイドルグループでトップ」になることで、演技経験が浅くてもドラマに出演することができて、結果、女優としての経験を積むことができた**のだというのです。

何かひとつでも周りから突き抜けると、突き抜けた人同士での横の交流が生まれ、横ずらしでチャンスを得られることもあります。なので、まずはひとつ突き抜けたものをもっておくことが大切です。社内で少しでも突き抜けた実績や信用があると、「これをやってみてもいいですか?」といった要望に対する承認のハードルが下がって、新しいことにチャレンジしやすくなります。

独立はゴールではなく手段のひとつ

独立はあくまで手段のひとつとして捉えてください。多くの場合、独立するとヒト・モノ・カネがゼロからスタートすることになります。ですので、「所属している会社や組織ではどうしてもできないこと」ではない限り、無理して独立をしないほうがよいでしょう。**大企業だけでなく、ベンチャー企業であっても、組織に所属しているからこそできることもたくさんあります。**

ただ、**自分が決めたお客さまと仕事をしたい、会社のブランドではなく個人ブランドでどこまで市場で評価されるか試してみたい**ということであれば、独立に挑戦するのはよいことだと思います。一部の企業では、そうして独立した人の出戻りも歓迎しているので、チャレンジできる環境であれば積極的に独立してみるのもよいでしょう。

転職や独立を考えるうえでは、「キャリアで成功するには、〇〇しないといけない、〇〇が正解だ！　〇〇した人はすごい！」といった固定観念に縛られるべきではありません。

社員としての経験は独立するのに有益か

一度就職を経験している人のほうが、社員がどう考えるか、どう動くかなどの心理的な推測がしやすく組織運営が上手というのはあるかもしれません。また、大企業などの大手と仕事を進めるときに、先方が何を大事にしているのかといった段取りを先輩たちから学ぶ機会があるのは就職の利点のひとつです。

しかし、**就職をせずに独立したとしても、外部にメンターをもつ**ことができれば、その点はクリアできます。

就職したから有利、あるいはすぐ独立したから有利というのは、少なくとも私が傍から見ている分には、あまり感じません。

ただ、最近はまず就職して30代後半になってから独立された人のほうが、早期の立ち上がりから上手にビジネスをされている印象をもちます。過去の仕事の実績を通じて培ったスキル・信頼や人脈などが、独立後にすぐ生かせるので結果を出しやすいのでしょう。

04

「独立」することで一体何が変わるのか

どのようなときに独立を考えるべきか

私は8社での勤務を経て、独立しました。実際に独立してみて「自由だな」と感じることは正直あります。私の職種がコンサルタントをベースにしているので、会社員だったころと比べて、独立後もやっていることがあまり変わらないというのもあると思います。

しかし、メーカー系の商品企画や開発をしてきた人が、ゼロから自らの商品やサービスをつくるとなるとかなり大変です。やるべきことが数倍に増えます。そうなると自由を感じるどころではありません。**職種によっては独立せずに企業にいたほうがよいこともある**でしょう。

単純に収入アップが目的なのであれば、副業という選択肢をとることもできるので、わざわざ独立という選択肢を選ぶ必要はありません。ただ、「全国行脚で、いろいろな人に価値提供したい」「活動場所を広げたい」となると、会社員をしていてはなかなか難しい部分もでてきます。

そのような、**会社を離れてでもどうしてもやりたいことがある、という状況にあるのであれば、独立を考えるのもよい**でしょう。

独立して変わった「業務の時間」

独立して最初に感じる自由というのは、単なる「暇」だったりします。仕事がないから暇で、時間をもてあましたうえでの自由ということです。ですが、**本当の意味での自由というのは、お客さまが複数いるなかで、そのときの重要度を鑑みながら優先順位をつけられるようになる、**ということだと私は思います。

実際に独立してから変わった時間の使い方としては、会社員時代は休日であった土曜日、日曜日に働くことが増えたということです。平日はクライアント（多くは代表であったり、経営陣）は日常業務があるので、ゆっくりとまとまった時間をとることができません。それで、相談をできるのが「会社が動いていない週末（休日）」になるためです。そうすると、逆に私が休日に仕事をしなければいけなくなります。

その代わり、いわゆる「社員」ではなくなったことで、残業したり、部長に報告したりする時間がなくなりました。それによって夜の時間などが独立前と比べて使いやすくなり、自由な時間は得られていると思います。

ただ今後、働き方改革で「残業禁止」という会社が増えるのであれば、残業が少ないことは独立したから得られるメリットにならなくなるかもしれません。

05 ベンチャーor大企業 キャリアを積むべき場所

ベンチャー企業のメリット・デメリット

ベンチャー企業のメリットは、とにかく会社の成長ステージによって環境が変化していくというところです。普通の会社で「10年勤めました」というのとはまったく異なり、環境の変化ごとにチャレンジできるのがベンチャー企業のよいところです。

それから、よくも悪くも人がいないので、自分が責任をもってやるしかないというところもベンチャー企業のメリットです。**「当事者意識をもって仕事をする」ということを、直接肌感覚で学ぶ**ことができます。

一方で、会社にもよりますが、ベンチャー企業だからといってたくさん新規の事業をやれるかというと、案外そうでもないこともあります。ヒトもモノもカネもないので、「まずはこれで勝つ！」と上層部の役員が決めたことしかできないこともたくさんあります。

大きな会社であれば別の部署に異動するという選択肢も選べますが、ベンチャー企業ではそういった選択肢はとれません。「このサービスの営業目標達成が、今期の最重要テーマだ」となると、右も左も向かずにそれをやるという時期があります。そのため、ベンチャー企業ではその都度起きるトラブルの対処には強くても、「なんでこれを私たちはやっているんだ？」といったことはあまり考えずにやりがちです。

また、人材が不足しているため一人あたりの作業量が多くみんな忙しいので、親切丁寧に業務の目的・意図を教えてくれることはあまりありません。なので、**人に対して積極的にコミュニケーションを取りづらい人は、キャリアの最初からベンチャー企業に行くのはおすすめしません。**

ベンチャー以外の企業の特徴

設立から何十年と経っている、歴史がある企業では、**多くの場合、仕事の仕方、進め方が確立されています。その仕事の型を一度体系立てて学ぶことができるというのは、歴史のある会社のよい点**です。

それから、特に大企業では、ある程度のポジションまで行けば国やほかの企業を動かせるくらい大きな力を得ることができます。それは、ベンチャー企業ではなかなか得られないものなので、国の経済に大きな影響を与えるような大規模なことがやりたいのであれば、業界を代表する大手企業に行くのもよいと思います。

知り合いの起業家に、「会社のお金で新規事業をさんざん失敗して、なんで失敗するのかわかったからようやく起業した」という人もいます。いい方は悪いですが、いきなり起業していたら全額自己負担で〝一発死亡〟だったものが、会社のお金を使って仮想的に10回くらい死んでも、何度も立ち上がることができたのです。

マーケティング担当者のなかには、会社のお金を使っていろいろな広告媒体を全部試しに使ってみたり、ABテストをしてみたりしたことで、どの媒体がどのターゲットに効くかというのがわかったから独立する、という人もいます。このように、**就職を「独立するまでの準備期間」として活用するのは上手なやり方**です。

歴史がある企業に入社するデメリットとしては、歴史があるので会社のなかで**業務が回るしくみができていて、通常業務を超えたことになかなかチャレンジできない**ことです。何かしら物事を仕掛けたいときに手を挙げても、実現するまでのスピードがベンチャー企業に比べるとはるかに遅く、あるいはそもそも実現できないことも少なくありません。

06 ずらし転職の例 成功する秘訣とは

「ずらし転職の見本」田端信太郎さん

転職でキャリアを積んだ事例としてわかりやすいのは、元ZOZOの田端信太郎さんです。田端さんはわかりやすく「ずらし転職」をしています。

田端さんは「コミュニケーション」という軸をもっています。NTTデータに入社後、リクルートに転職されました。リクルート在籍時にはR25という新規事業を発案し、結果を残します。そして、**本の編集・企画とデジタルがわかったうえで、ライブドアのメディア事業部長のポジションに就きました。**

その後、NTTデータの営業で結果を残した経験と、メディアの側面がわかるというところで、その後外資系の日本法人のウェブサイトとデジタルマガジンの責任者に就いて、デジタルやITにどっぷりつかっていきましたが、LINEではまた広告事業のグループ長をやられました。そして、ネットという底流は変えず、アパレル分野のZOZOにコミュニケーションデザイン室長というかたちで入社しました。

これらのキャリアをすべて自分で取りにいかれていて、結果を残されています。まさに、「ずらし転職」の見本です。

正反対の業界に行くために、横ずらしで転職

次に、いまはベンチャー企業で取締役をしている私の知人を紹介します。

彼は、外資系流通企業にマーケティング部門の管理職候補として入社した、超エリートです。彼が入社した外資系流通企業は、当時、店長たちによって支えられていた組織でした。それに対して経営陣らでは、今後くる社会の変革に耐えられないという危機意識をもったため、外資系でよくみられるリーダーシッププログラムをつくりました。私の知人はそのプログラムの一期生として採用され、20代でマーケティング担当部長になりました。

その後、同社の経営改革の中心メンバーとして携わっていました。次に、**いままでとは正反対のIT業界に行きたいと考えたそうですが、IT関連の横軸がありませんでした。**

しかし「組織運営」という横軸を使うことで、上場しているIT企業に転職することができました。

そのIT企業で人事担当の執行役員をずっとやっていくなかで、組織の成長とITビジネスの変革を目の当たりにし、併せて再建の実績も含めて評価されて、いまは別のベンチャー企業のナンバー2ポジションに就任しました。

○結果を残してやりたい仕事をつかんだ例

もう少し身近な例として、私の後輩の事例も紹介したいと思います。

彼は最初、ウェブ解析の会社に入社したのですが、ひょんなことから人事をやりたいと思い、転職を考えていました。

ですが、マネジメントの経験があるならまだしも、ウェブの解析から人事へ移るというのは、さすがに分野が違いすぎるということで、「まずはウェブマーケティングの担当として、ある程度結果を残そう」という話をしました。

彼の当時の会社は受託業務が多いところだったので、自分でマーケティングをして企画をつくり、結果を残してみてはどうかということで、一度ウェブマーケティング会社に転職することにしました。彼はその会社に入社して、実際にウェブサービスによって広告の費用を半分に減らしながら業績をのばすという結果を残します。

そこまでやったときに、「ウェブマーケティングで結果を残せたのであれば、人事に異動してもニーズがあると思う」という話をしました。すると彼はマーケティングの知識を活かし、いまは人事が単純に求人広告を出したり、人材紹介会社にお願いしたりするだけでは通用しなくなってきていることを上層部に伝えました。そして、**「会社自体を労働市場に対してどうマーケティングしていくか」ということを考え、実践していく役割を担う者として、人事の職に就くことができました**。

その会社におけるいままでの文化がわからないまま、いきなり「組織制度や文化を変えたい」と口にしても、社内から猛反発を食らいかねません。そのため、彼の次の課題は、与えられた業務である採用で結果を残すことです。

彼には、社内から「この人は、人事としてかなり高いスキルをもっている」と認知されれば、そこから組織文化や研修制度を変えることができるようになるはず、という話をしました。

業務で実績を出したことで好転した例

もう1人、実績を出したことで好転した例を挙げたいと思います。大手システム会社から人材派遣など広く事業を展開する会社に転職した後輩の話です。

彼は、何か新規事業をやりたいと希望してその会社に転職しました。といっても、「じゃあ、何かおもしろい企画を考えてよ」といわれてすぐに企画が出てくるわけではありませんでした。そのような状況で、彼はさまざまな新規事業を世に出してきた会社の猛者たちと共に戦うのは、さすがに分が悪いと思っていました。

しかし、私は彼に前職の大手システム会社でどれだけ実績を出したのか聞いてみたところ、彼は営業で人がうらやむような実績を上げていました。

その実績を踏まえて、「それならいまの会社でも営業できちんと実績を出せば、異動の融通はある程度きくと思うよ」というような話をしました。すると、彼はその後すぐ、転職先で新人賞を獲りました。

その会社は新規事業のコンテストを社内で行っていました。とはいえ、現場にいる多くの社員からすれば、コンテストよりも目の前の業務のほうが大事なので、なかなか新規事業の立案やプレゼン用の資料作成などに時間をとることができません。そうしたなか、彼は**営業に長けていたので案件受注目標をすでに達成しており、ある程度コンテストに向けて、新規事業を考える時間をとることができました。**

営業のなかでお客さんのニーズを直接聞くことも多かったので、それを踏まえて企画を考えてコンテストに出したら、見事に通過して、はじめて「商品の企画を考える」という経験ができたのです。

結果的に、その企画は事業としては投資対効果が悪いということで実行されることはなかったのですが、そのことをきっかけに企画職に異動することができました。

07

希少性をつくりながら転職した事例

いままでの経験が「希少性」をつくった

私の友人で、サービス業の生産性を上げることを目的としているベンチャー企業の営業担当部長をやっている人がいます。

彼は、もともと銀行業務がやりたくて銀行に入社したのですが、結果的にコンプライアンス部門に配属されて、3〜4年くらい銀行のコンプライアンス部門で働いていました。ただ、経営に関与できるようになりたいという意欲をもって銀行に入社したのに、その希望を叶えることができないということで、ほかに経営に関与できる職として、コンサルティング会社に入ることにしました。

そのコンサルティング会社は、現場の業務改善をメインで行っている会社でした。彼自身はコンサルティングのスキルはなかったのですが、**銀行のコンプライアンス部門に在籍していたときに現場への説得を経験していたので、「現場に寄り添う」ということがすごく上手だったのです。**

コンプライアンス部門は、法律に準拠した対応を現場に求める部署で、つまり法律というこれ以上ない〝正論〟をもとに現場と話をするわけですが、〝正論〟にもかかわらず、それだけでは現場は動いてくれません。むしろ、煙たがられたりします。それでも、法令順守のため現場に実行を求めていかなければなりません。

正論大論で「こうしろ」「ああしろ」というコンサルタントは世の中にいくらでもいます。一方で、**決まった経営方針や業務方針を、現場に一からわかりやすくコミュニケーションを重ねながら伝えるスキルをもつコンサルタントは多くはありません。**しかし、彼は現場に正論を説き続け、実行させてきました。そうした彼の特性が、コンサルタントに求められるスキルにうまくフィットして、生かすことができたのです。

転職の順番が功を奏した

その後、彼がもともとやりたかった経営や事業責任者の立ち位置に就くために、会社の上司に誘われて独立をしました。それがいまの会社です。ベンチャーキャピタルなどから出資を受けて、上場に向けたプロジェクトの導入と、商品の設計を支援している営業担当部長に就いています。

彼はもともとやりたかった仕事に、着々と近づいてきています。彼が**もし銀行のコンプライアンス部門を辞めて、いきなりベンチャー企業に転職していたら、たぶんいまごろは事業部長ではなく管理責任者に就いていていたのではないでしょうか。**

「コンサル会社であれば、どの会社に行ってもつぶしが効く」と思われがちですが、意外とそうでもありません。彼のようにコンサルタントを「横ずらし」することで、よいキャリアをとることができると思います。

経験がない分野で前職の特性をうまく生かした例

次に、もともと広告代理店に行きたかったけれど、新卒の就職活動時にそれは叶わず、銀行に就職した男性の話です。

銀行ではずっと融資や中小企業向けの法人営業を行っていましたが、それでも広告代理店で仕事することへの思いが捨てきれず、転職することにしました。そして、求人広告系の広告代理店に営業職として入社することになりました。

銀行に勤めていたこともあって数字に強かった彼は、中小企業の社長相手に、採用だけでなく資金繰りの話もすることができました。そのおかげで、社内でトップセールスの数字を出すことができたのです。

そのうち、商品企画のほうに興味が移って部署を異動し、力を発揮していました。興味がある内容ということもあり、思い切って仕事ができていたのでしょう。**そこでの活躍が他社の人たちの目に入り、ベンチャー系のメディアの会社から、「プロデューサーをやってくれないか」というお誘いがきました。**学生のころに夢見たテレビCMの制作ではありませんが、「表現する」ということに少しずつ携わることができて、いまとても楽しそうに仕事をしています。

特性をもとに誠実に行動した結果が次の職につながる

彼は新卒で銀行に入社してから5年経っていますので、当時27～28歳くらいです。そこから広告代理店に行くのは年齢的に躊躇するような気もしますが、彼はとにかく「表現すること」に関わりたいという意思が強かったようです。

営業は最も人が必要なセクションですし、広告代理店のなかでも入社のチャンスが得やすい求人広告の営業をやっていけば、いずれうまくいくのではないかという考えを思っていたのでしょう。そう考えながら仕事をしていたら、そのうち「メディア自体をどう見せていくか」というほうに興味が移っていったので、それにあわせて自分の進む先も変えていったわけです。

彼の転職がうまくいった理由のひとつは、中小企業の社長に強いという特性を活かせたというところです。広告は素人ですが、銀行でずっと中小企業の社長たちの話を聞いていたので、**社長がどのようなことに悩み、どのようにマネジメントを行っていくのかを知っていました。その点で、さまざまな中小企業の社長の気持ちを理解しながら提案したり、相談に乗ったりすることができたわけです。**

前職で培った特性を活かした誠実ともいえる営業への姿勢があってこそで、「うちだったら、○○円安くしますよ」といって口説くような営業を行わなかったのが、いまの仕事に結びついた最大の要因だと思います。

08 ずらしながら転職しているうちに天職を見つけた事例

ずらし転職で興味のある分野を見つける

ここでは、働き始めた当初こそ「この仕事をしたい」と強い要望がなかったものの、その後、自らの天職を見つけた30代の女性の例を紹介します。

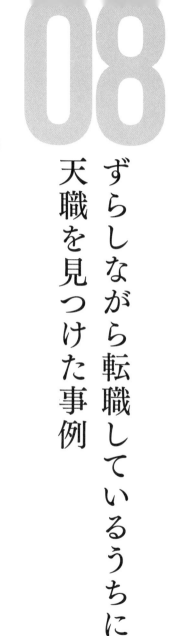

この女性は、ある会社でまず人事として働きました。その後、人事から営業への異動を自ら申し出て、その希望が通り営業部に配属されます。そして、営業の仕事にがんばって取り組んでいたときのこと。彼女の営業先の会社に「うちで働かないか」とスカウトされました。そのオファーを受けた彼女は、転職先の会社で再び人事の仕事をすることになります。

ただし、採用活動や配属を行う一般的な人事の仕事ではなく、「採用広報」という枠組みでその会社での業務を開始します。この転職先の会社がベンチャー企業というのもあり、人事と併せて広報活動も担当してくれと頼まれるなど、かなりマルチな業務内容をこなしていきました。

そうして人事と広報を兼任するかたちで仕事をしていたら、だんだん広報という仕事がおもしろくなってきて、しかも広報業務でいろいろと実績を残すことができたので、その実績をひっさげてPRエージェンシーに転職をしました。そこで過去の実績をもとにセミナーを開くなど、いまも楽しく仕事をしています。

彼女のように、**ずらしていくうちに自分の興味があることが見えてくる**ということもあります。

彼女がよいキャリアを歩むことができた理由は、人のリクエストに応じて仕事に取り組んでみたら、これまで関心をもっていなかった分野でおもしろい仕事がみつかったというところです。これまで、スキルを活かして転職してきた例を紹介してきました。前節で紹介した男性は、「広告ありき」と考え、やりたい仕事にむけてどうにか軌道修正しようという勢いがありました。一方で、この女性は「この仕事がしたい」というより、「この人のために仕事がしたい」「この会社のために仕事がしたい」というふうに取り組んでいたところ、結果としてよい仕事につながっていったパターンです。

明確に「この分野においてスキル・強みがあった」というよりは、チャレンジしたこと、異動したこと自体によって、その人の独自性がつくられていったように思います。

加えて、彼女のこれまでの経験が、次の仕事にうまくフィットしていたのも功を奏しています。キャリアのスタート当初に人事の職に就くと、受け身で採用を処理してしまうタイプの人も多いのですが、広報も担当しなければならないとなると、自分から外に出てメディア関係者と会ったり、会社を売り込みに行かなければなりません。そこで、営業のスキルが生きてきたのでしょう。広報は、自社がいかに魅力的かを話さなければいけないので、そういう意味で営業のキャリアがうまく生かされています。

前向きになれなかった仕事でも、その経験が生きる

結果的にこれまでのキャリアが生きた別の例も紹介しておきましょう。

私の友人に、大手外資系メーカーの財務系・コンプライアンス系の専門職で入社した男性がいます。財務系は幹部候補生がたどるひとつのコースなのですが、彼は、外資系企業に憧れて入社したものの、財務系・コンプライアンス系の部署に配属されて実際に仕事をしてみると、細かく数字を扱うそうした仕事が好きになれず悩んでいました。

そんなとき、たまたま海外対応を行う人事を募集していたIT系の会社があったので、そちらに転職することにしました。最初は海外の労務対応をやっていましたが、そのうち「事業部のなかでの異動や、研修育成をどうするか」という部分で人事を任されることになりました。

その後、買収した海外の子会社の人事機能を活性化するということで、海外に駐在することになります。海外でいろんなベンチャー企業に触れて、それがきっかけで興味をもって、**ベンチャーキャピタルの投資先であるいろんなベンチャー企業の人事機能の顧問という立ち位置に就く**ことになりました。

ベンチャーキャピタルとして投資している会社ですから、自分でいちいちコンサル契約を取りにいく手間もないですし、しかもひとつの会社ではなくていろんな会社を見ることができるということで、本人も楽しく仕事ができています。

結果的に、新卒時に携わった財務や契約という分野での仕事がベンチャーの経営支援をするなかで生きている。そういう意味では、一味変わったキャリアになりました。彼に限らず、**当初は前向きになれなかった仕事でも、その仕事を経験しておくことで、その後のキャリアで生きてくることは少なくない**でしょう。いま目の前に気の乗らない仕事があったとしても、取り組んでおいて損はありません。

09 バックオフィスの人はどのように「ずらし転職」するか

転職事例が少ない業種もある

なかには転職事例が少ない業種もあったりします。

経理の人などバックオフィスにいる人や設計・制作に携わる人はあまり転職をしないので、事例としては多くなく紹介しにくい部類ですが、それでも例がないことはありません。

まず、ウェブ系でよく見られるのが、もともと銀行系のシステム子会社などで業務システムをつくっていたところから、ウェブやアプリのサービスなど、インフラ側の設計に移るケース。**最終的には「もう少し企画寄りの仕事をしたい」と思ってアプリ側のエンジニアになって、プロデューサーになるという流れ**です。ただし、いわゆるメーカー系の設計は、つくるモノが家電であったり自動車であったりといった具合に違い過ぎて、あまり他業種に行くことがないので、事例としてはあまり多くはありません。

生産系は、一度コンサルを行う会社などに転職して、**最初は生産管理などのコンサルをやりつつ、そのうち経営戦略寄りのプロジェクトの案件を経験して、最終的に経営企画のマーケティングや企画に戻っていく**というキャリアのずらし方をする人がいます。生産を担当していてもビジネスのほうに興味が湧く人はいるので、そういう事例はときどき見ることがあります。

「なんでもやる」部署を経験して重宝される人材になる

総務からの転職については、「規模の小さな会社」に行くとよいです。

総務は「なんでもやる」がある意味特徴ともいえる部署なので、マルチに動けるということはベンチャーだと評価されやすいので、規模の小さい会社にはあっていると思います。いまはどこも人が足らなくててんやわんやの状態なので、人事と総務を両方やるなどすると重宝されるでしょう。

また、総務とカスタマーサポートを一緒にやるのもよいでしょう。上場を目指すような企業であれば、今後事業規模が拡大する過程でカスタマーサポートの組織を拡充する機会が訪れるので、そういうずらし方もありだと思います。

前提としては、業種も職種も完全未経験に行くというのはむずかしいと思うので、何かしら過去の経験とひっかかるところを、どうにか探していくのがコツです。

たとえば、財務経理の人がいきなり営業やマーケティングに行くよりは、社内や社外で「経営企画」をやるなど、財務と連携しそうな部署に移っていくと、そこからほかの部署にずらしやすくなっていくでしょう。

10 転職の「面接」で確認しておくべきこと

面接官に対して聞いたほうがよいこと

いざ転職をしようとした際に、必須となるのが面接です。

オープンとなっている情報以外を入手できるよい機会ですから、面接でどう答えるのかを考えるのと同じくらい、何を聞くかも考えて面接に臨みましょう。

面接官が現場の人である場合は、「1日どんな仕事をしているのか」「このチームはどんなふうに協力しあっているのか」ということを聞いてみましょう。**自分がこの職場に入ったときに、どういう価値交換ができるのかということを確認する**ためです。

また、自分の上司になりそうな人が面接を行う場合は、**仕事をするうえでいちばん大事な「価値観」を聞いておきます。**完璧主義で時間をかけて取り組みたい人とスピード重視の人では相性があわず、働きづらい職場に入るのを避けるためです。

社長との面接では、**1年〜数年で会社をどのようにしていきたいかというのを聞く**ようにします。その人の考えがその会社で仕事をしていくうえで中心になっていくので、これは確認しておいたほうがよいでしょう。

加えて、**「この会社はどういう会社ですか?」**というのを、**現場から役員まで聞いてみましょう。役員と現場の人がいっていることがズレている場合、上の「いっていること」と下の「やってること」が違うということですから、組織が機能していない**と推測できます。無理に入社して自分のキャリアをささげる会社ではないといえるでしょう。

ただし、採用が上手な会社ほど、社員によっていうことが変わらないようにしています。「御社はどういう会社ですか」と聞かれたときの返答マニュアルをつくって、社員が勝手なことを話さないように徹底していたりするので、応募する前に可能な限り人や情報を集めておきましょう。

面接でアピールしたほうがよいこと

面接での自己アピールについては、「私はこれができます」と口だけで語っても胡散臭く感じてしまいます。なので、**職務経歴書に書いてある内容に沿って、事実をできるだけ淡々と述べる**ようにしましょう。

また、面接では自分のことだけでなく、会社のことを聞かれることもあります。たとえば「うちの会社はどうしたらいいと思う?」と聞かれたら、「自分の経験と御社の状況をあわせると、いますぐとはいいませんが、将来的にはこんなことができるのではないでしょうか」と話をしてみるとよいのではないでしょうか。

社内で結果を出してからの転職は、自分に対して自信がある状態でのチャレンジなので、あまり不安に思うことはないと思います。ただ、面接でとても優秀な人に会ってしまって萎縮してしまった、ということもあるでしょう。「こういう人たちばかりのところで、私はやっていけるのか」といった類の不安です。そういうときは、**そもそもなぜ転職したいと思ったのか、という動機に立ち返ることです。未来の不安よりも、未来で得たいことに目を向けて進みましょう。**そう考えれば、面接でも萎縮せず話ができるのではないでしょうか。

○ 転職で「失敗した」と感じるとき

さて、いざ面接がうまくいき入社したとして、転職して半年たっても結果が出せないと、多くの人が「この転職、失敗だったかな」と感じることでしょう。

「20代前半にはじめての就職で、1年、2年経っても芽が出ない」というのはまだまだこれからいろいろな試みができると思いますが、前職で相応の結果を出して転職して、それで**半年経っても自分の想定していた結果がひとつも出せないというのは、転職する前に立てた仮説が間違えていたと考えたほうがよい**でしょう。

たとえば、「こういう仕事がしたい！」と思って転職した会社で、自分が希望する仕事を任せてもらえないといった状況です。転職を受け入れる側は、ある程度即戦力で活躍してもらうつもりで受け入れているでしょうから、転職しようとする人と会社、お互いの考えていたことが合致していなかったと考えるのが妥当です。

もしくは、こういう仕事をしてきたから、この仕事でも生かせると考え、実際に希望の部署に配属された場合。いざ取り組んでみたが結果が出せないということは、希望した業務に求められているスキルをはき違えていた可能性が高いです。

そういうときはあらためて戦略を考え直す必要がありますし、そもそも入社前の面接がきちんと機能しなかったともいえます。**面接はアピールするだけの場ではなく、働き方について会社と働く人お互いの考え方を確認する場でもある**のです。

11 人事の経験から伝えたいこと

プロジェクトの結果ではなく自分の仕事の結果を語る

以前、私は人事として採用を担当していたことがあります。そのとき、採用面接でよく聞いていたのは、「**あなたは、この仕事でどの役割をになってきたのか**」という点です。一見簡単な問いのように思えますが、答えられない人は多くいました。「こういうプロジェクトに参加して、こういう結果を残しました」と答える人が多いのですが、では、そのなかで具体的に自分は何をしたのかという部分を語れないと、意味がありません。

たとえば、エンジニアであれば、どこの開発をどうしたとか、このプロジェクトのときにどういうトラブルがあって、どう対応したのかという部分を、具体的に語れるようにしておきましょう。**個人の仕事における「なぜ」「何を」「どのように」（Ｗｈｙ、Ｗｈａｔ、**

Ｈｏｗ）を語れるか否かで、自発的に仕事をしていたか、仕事で結果が出せているのか、という点が判断されます。

採用をしている人へのアドバイス

また、採用担当の際に私が気にしていたのは、**その人の考えが自社の業務の特徴と合致するか、会社の方向性と合致するか**というところです。話がずれますが、採用をしている人に向けて少し話をします。

私は、「志望動機を教えてください」とそのまま聞くのはナンセンスだと思っています。どうしてその会社で働いたことがないのに、その会社で働く魅力みたいなものを語らなければいけないのでしょうか？

もし聞くとしたら「**うちの業種（業界）はどうしたらいいと思う？**」という問いだと思います。興味関心があれば、「この業界をこうしていきたいと思っています。なぜなら〜」とか「この会社はこういう立ち位置にいると思うので、私であれば、〇〇に取り組み、このように変えていきます」という答えが返ってくるでしょう。これは**「会社」ではなく、「会社の顧客」に焦点を当てた問いなので、その本人が当事者あるいは過去に接していて、**

課題と感じていた経験がある可能性が高いです。そこであまり答えられなかったり、あまりにも客観的な意見・回答が出た場合は、とりあえず職種のポジションがあったから行こうと思っている人が多いので、あまり定着率はよくないです。

受かるための面接はしなくてよい

話を転職しようとする人の側に戻しましょう。

「会社」への志望度合いを重視しているような会社は、極論をいうと就職しなくてもよいと思います。**仕事は会社のためにあるのではなく、「顧客」と「取引先」のためにあるものです**。しかし、現実としてはよく聞かれる項目でもあります。

もし**志望動機を聞かれた場合は、「お客さんにどうなってもらいたいから、私はこの会社に入りたいんです」ということだけを伝えればよい**です。転職もそうですが、受かるための面接はしなくてよいでしょう。「私はこうです」という立ち位置を明確にしておけば、それに共感した会社が採用します。受かるために相手にあわせて自分のポリシーとズレたことを話してしまうと、実際に入社したときに「この会社のやっていることは、何か違うと思うんだよね」などと感じてしまい、結局辞めることになりかねません。

第5章

行動確認

「GISOV法」でキャリアを点検する

状況に応じて常に
マイナーチェンジを心がけよう

01

「GISOV」を使ったキャリアの考え方・つくり方

野村総研に根付く仕事の型

キャリアをいかに積み上げていくか、「ずらし転職」の考え方、方法をここまで紹介してきました。しかし、いざ実践しようとすると、「本当にこれで掛け算の要素となる仕事ができているのか」「次に選ぶ道はこれで正しいのか」など、自分の判断に対し、不安に感じることもあるでしょう。

本章では、そのようなときにどう考えるか、その結果下した判断、行動が妥当だったのかを確認する方法について、話をしていきます。

まず紹介するのは、GISOVという考え方です。これは、私が野村総研の在籍時に先輩から口伝えで教わりました。野村総研に在籍した人ならみんな知っていることなの

提案のコツ：GISOV 5つの要素

この5要素の整合が取れると、
目的を達成する「仲間」として仕事を任されるようになります

Goal	お客様（上司）が実現したい「目標とその目的」
Issue	目標を実現する上で障壁となる「課題」
Solution	課題を克服する／課題が課題でなくなる「解決策」
Operation	アクションプラン：誰が・いつ・どう「解決策」を実現するか
our Values	私（我々）がこの解決策に相応しい理由（強み・大事にする価値観）

で、たまに野村総研出身の方のインタビュー記事などを読んだりすると、「野村総研ではこういうのがありまして」といってGISOVを紹介していたりします。ですが、私が在籍していた当時の野村総研では公式化して研修で教えたりしてませんでした。いかに社員やOBたちに根付いた考え方かがわかります。

5項目を意識して考える

このGISOVは、**基本的には提案書の型として使われています。**ここで紹介するものは少しだけ私の考え方も入っていますが、**どんな仕事も最初は**

「提案」から始まります。 そして、上司から指示された仕事でも、開始する前に「このように進めます」と確認をとります。たとえば、このゴールであればこういうやり方がよい、このように納期を設定すべき、といった具合に何かしら条件を設けていきます。これらも小さいながら、提案のひとつです。

その提案の際に用いる考え方が、このGISOVです。Goal（ゴール：目的・目標）、Issue（イシュー：課題）、Solution（ソリューション：解決策）、Operation（オペレーション：実行計画）、Value（バリュー：付加価値）の頭文字をとったものです。

この**5項目を意識して仕事に取り組んでいれば、どういう要素をもって仕事に取り組めばよいかというのがわかって、仕事でつまずくことが少なく、結果として「ちょっと突き抜ける」**ということが、比較的簡単にできやすくなります。

転職も同様です。どういう要素を意識して転職に取り組めば、業界、分野において希少性のある人材となれるのか考えることができます。

まず「どこを目指すのか」が肝心

まず肝心なのは**「どこを目指すのか」というゴール**です。「社内でこんなことをやりたい」といったときに、上司や会社の目指す方向性があるのに、そこから離れてとんちんかんなことをやっていても仕方ないのです。なので、どこを目指しているのかという方向性は、最初に確認しておきましょう。

目標を確認した後に、その目標達成の障害になる「課題」は何か、なぜ達成できないのかということを確認します。そして、そこから課題をどう紐解くかという解決策を考えていきます。解決策だけ出して「こうすればいいじゃん」というのは、よくありがちな社内の〝正論マン〟になってしまうので、それではいけません。自分を含め誰がいつまでにどうやるのか、具体的に見据えましょう。

「突き抜ける」ための具体的な方法

周りから「突き抜ける」ためには、会社・上司から依頼される業務だけでなく、自分で仕事をつくったり、もしくは業務範囲は変わらないものの、同僚よりも圧倒的な数量をこなしたりといったことが必要になります。となると、**その時間をどうつくるのかといった、行動計画がなければ実行はできません。**私が個人的に好きなのが、**「なぜ私にその仕事を**

任せるのか」「なぜわが社に任せるのか」をいつも考えろ、という教えです。私は、これを常に意識するようにしています。

これまでも、他者と比較されない「何か」をつくるために、掛け算キャリアが大切だというお話をしてきました。

まずは、ほかの人が困っていることに対して、自分が助けに入れるのであれば助けに入るといったことを、癖としてやれるとよいでしょう。たとえば、タイピングが得意だから議事録を率先してとるといったことです。タイピングが速くて、リアルタイムで議事録をとることができれば、会議が終わった段階で、社内で回覧できる状態になり、社内の人は助かりますよね。上司もその場でチェックできるので、時間の短縮になる。そんな些細なことでも、ほかの同期がやっていなければ目立ちます。すると、**「あいつに仕事を任せるとうまくやるから、ほかの仕事も任せてみよう」となって、掛け算のチャンスにつながっていきます**。

エクセルが得意な人なら、ほかの人の分析業務も引き受けてみるのもよいと思います。会社のなかでさまざまなデータを見ることによって、より会社のなかで起きていることがわかり、そこから新しい企画を提案できるといったこともあるでしょう。

02 はじめに考える自分の「GOAL」

◯GISOVのなかで抜けやすい「G」

5つのステップのうち、欠けがちになるのが「G」(ゴール)です。意外と、本当にゴールはそこでいいのかという視点が抜けがちです。

世間でよくいわれている、「**2つ上の役職の視点で物事を考えよう**」という考え方は実際とても大切です。課長が困っていることをサポートしたときに、課長からするとありがたいことだが、部長からしてみると「そもそも、それではなくて……」と思っていたりすることがあったりします。部長の視点で考えて「課長、この仕事をしておいたので、部長に渡しておいてください」といったとき、部長もうれしい気持ちになりますよね。

仕事を始める時点から課長と共に部長の期待に応えることを一緒に考えたいと伝えたら、

課長の活躍にも貢献することになり、すると上司ではなく、一緒に目標を達成する〝戦友〟となります。一歩引いて、一体何に本当に困っているのかというゴールの設定をし直すのは大事です。ただいわれたことだけをやっていても、なんの変化も生まれません。

ゴールの設定を見直すということは、次の節でお話しする「解決策」とも連動してきます。**ゴール設定の見直しをすることで、「10日かかると想定していたが、3日でできる」となることもある**からです。そうすると、浮いた時間でいろいろなことができるので、よい影響をもたらします。

かつてドリコムで、ある機能を外部移管したプロジェクトがありました。外部企業への移管の理由のひとつに当然コスト削減という目的があります。しかし、コストを主眼に置きすぎると、「外注をいかに買いたたくか」「どこが安いか」という検討の方向性になりがちです。

ですが、本当に大切なのは、カスタマーサポートセンターがその先のお客さまに対して、「丁寧な対応をしてくれてありがとう」といわれるような対応をしてくれるかどうかです。問合せの品質やスピードが上がり、結果として問合せの往復数が減ったり、満足度が上がり商品がさらに売れたりすれば、相対的にコストは下がっていきます。つまり、**結果としてコストは安くなればよい**のです。なので、私は外部企業を選定するときに、相手側に無理な値下げを要求するのではなく、とにかく丁寧に、必要な情報は全部開示するという選択をとりました。

すると、担当者が積極的にがんばってくれるようになり、ただの値下げではなく投資対効果がよくなる提案をしてくれました。「とにかく安いところを選んだ結果、後々トラブルになった」ということもなく、外部企業にうまく任せることができてよかったです。

キャリアにおけるゴール設定の重要性

ゴールをある程度固めておかないと、何が課題になるのかわからなくなることがあります。しかし、「30年後に○○領域のマーケティングをしたい」といっても、そのころには時代遅れの化石になっている可能性もあります。そのため、数十年後の目標に固執するのではなく「新しいことに挑戦し続ける」人生の在り方がよいでしょう。

一方で、たとえば、「3年でどこまでいく」といったゴール設定はとてもよいと思います。そういった明確なゴール設定は、掛け算の数字が1になるのか、0.8になるのか、0.2になるのかという点にかかわってくる重要なポイントです。

掛け算の要素を高めるという点では、「自分で目標を立てた」ということも重要です。

他人からいわれたからやる仕事と、自分からのめりこんでやる仕事では、結果が大きく変わってきます。なので、リクルートやサイバーエージェントなど、若い人たちが活躍しているイメージがある会社では、本人たちが、「何年で執行役員になる」「何年で独立する」といったことを決めています。だからこそ、その時期はさらにがむしゃらにがんばって集中できて、そこで突き抜けて結果を残せるのです。

3年後の目標(ゴール)を決める

「3年後」というのは近すぎるように思うかもしれませんが、目標としてはちょうどよいラインだと思います。5年となると、意外と世の中が大きく変わっていたりします。多くの人が、5年前にここまでユーチューバーが大量に登場していることや、ウーバーのようなライドシェアが使われるようになるとは想像がつかなかったでしょう。

「次のトレンド」が見えてくるのが、感覚的に3年に1度くらいと思われ、新たな時代の変化も見据えながら、新しい波に乗っていくには、つまり3年が丁度よいのです。

ただ一方で、3年後の目標を設定したうえでの課題の乗りこえ方は、仕事によって違ってきます。一番考えてもらいたいのは、そのゴールを達成しようと思ったときに、何が一番「壁」になるかということです。**最大の壁から逆算して、解決策を考えていきます。**

たとえば、「最初の3年で大手クライアントは任せてもらえない」けれど「ゴールを達成するには、大手クライアントの力が必要」という話になったとします。一瞬、超えられない壁のように思えます。そういったときは、意図的に小さなクライアントで仕事を取って、結果を残してから、大手を担当している営業の先輩に同行をお願いして、共同提案で大きなクライアントを任せてもらう、といったかたちをとることができます。

このように、**正面突破するのではなくて、いかに脇道からスルスルッと抜きでるかを考えることも大事**です。ただ、そのためにはいったん「壁」を設定しなければいけないので、ゴールの設定、課題の発見は重要なのです。

キャリア戦略は文字通り「いかに戦いを略するか」ということです。同期と同じ形で、同じやり方で、同じ物量でやっていても、なかなか花は開きません。

過去の同期や後輩を見ていて突き抜ける人材は、ある特徴があります。

先ほどの戦略の話と一見矛盾するように思えますが、自分の得意技になるまで、ある領域を徹底的に反復して繰り返して磨き続け、圧倒的な成長を遂げています。**掛け算の話にも通じますが、ほかの人よりも早く1・0を超えることで、掛け算効果が早く生まれ、同期や少し上の先輩では「勝負にならない」という状態をつくる**人もいます。

03 課題に対する「SOLUTION」

課題が、課題でなくなる方法はないか

ゴールを設定すれば、課題が見えてきます。そうすると、次に必要なのは「解決策」です。ここでは、ゴール以上に大事な「解決策」について話をしていきます。

まず、課題が見つかれば解決策は自動的に見つかるかといえば、そう単純な話ではありません。

課題に対して正面突破ができるのであれば、それでもよいのですが、脇道を使うことで、正面突破よりも簡単に解決につながることもあります。そのうち私がよく使うのが、**「その課題が、課題ではなくなる方法はないか」という視点です。**そのほうが、結果的におもしろい解決策を生みやすいのです。

見方を変えると、そもそも解決する必要がないものだった、というケースもあります。どういう状況か、キャリアをつくるうえでの例を挙げて説明してみましょう。

たとえば、就きたいポジションがあったとして、自分からそこをつかみに行くとなると、先輩たちと肩を並べて戦わなければいけなくなります。ですが、**わざわざ同じ土俵に立たなくても、先に先輩をさらに上のポジションに出世させてしまえば、そのポジションがぽっかり空きます。**つまり、上司を徹底的にサポートしていけば、成績を上げつつ、後継者指名をもらえる可能性が上がるという具合です。そういう戦い方をすると、本当はもっと大変だった道も、簡単な道のりでたどり着くことができます。

○先人たちはどのような手法で解決してきたのか

こうした見方を変えた解決策を考えだすのは、一見難しそうに思えます。コツとしては、**社内や社外で、最速で出世をした先人たちに「こういう状況では何をやってきたのか」ということを聞く**のが一番手っ取り早いでしょう。先人たちの知恵を活用し、それを素直に活用することを「巨人の肩に乗る」といい、有効な手です。逆に無理やりひねり出した自分勝手な応用をやめることが大事だったりします。

よく「自己流」は「事故流」だといわれます。私も、野村総研時代に先輩から教わった提案の方法などは、変に型を崩すことなく、いまでもそのまま行っています。先輩が積み重ねてきた知恵は、しっかり活用していきましょう。

何度か成功を重ねるうえで改善点が見えてきたのであれば、自分のアイデアを反映していくのもよいでしょう。そうした段取りをとらずに、自分の考えだけで仕事を進めていくのは、特にまったくの自己流だけで進めるのはリスクが高いといえます。

自分に合った解決策を選べているか

GISOVのうち「V：バリュー」というのは、人によって違います。「特性」のところでもお話ししましたが、外向的で人気になる人もいれば、冷静沈着で信頼されやすい人もいて、それぞれの個性は千差万別なのです。たとえば、温和で大人しい人が、外向的な人が行うようにお客さまと頻繁に食事などを行って課題を解決しようとしても、うまくいきません。**価値観や生き方が違うのに、実績があるというだけで真似をしてやってみろといっても結果は出せません。**

解決策を考えるなかで自分らしさが出てくるかというのは、きちんとチェックしておきましょう。「G」「I」「S」「O」までを論理的に考えても、最後の「V」があっていなければ、結果に差が生じてしまいます。

ここで気をつけてほしいのは、**「巨人の肩に乗る」という先ほどの言葉の通り、解決策を自己流で変えるのではなく、自分らしさと似た先輩や上司を見つけ、彼等ならどのように問題を解決するのかを把握する**ことです。

マニュアルがないうちは、「この人がつくる中華料理は、個性的でおいしい」と捉えられるのですが、先人たちが試行錯誤したうえでマニュアルがつくりこまれていった後だと「この人のつくる中華料理はマニュアルと違うのでよくない」と評価されてしまいます。「マニュアル通りにできる人」と「できない人」で格差が生じるのです。

では、マニュアルどおりにできない人がいけないかというと、他社に行けば活躍することも多々あります。経営コンサルティングの世界でも、コンサルタントとして突き抜けられなかった人でも、起業して成功を収められている人もいます。自分らしさがどこにあるのかということを適切に見極めることが大事です。

04

直接会って話す セミナーでのアドバイス

掛け算という要素を生み出せばキャリアが開ける

本書でお話ししてきたキャリアのつくり方について、同じテーマで私はセミナーも開催しています。本書では、そこで参加者の方々から聞かれたり、逆に参加者の方々がしてくれた話などから気づきを得たことも併せてまとめました。

このセミナーでは、実例としてゲストスピーカーの方にご登壇いただいています。

掛け算のおもしろさをお伝えするときに、私の話だけでは「これだけ転職した人だから」と思われてしまいかねないので、ほかにも参考になりそうな方をお呼びするようにしています。特に、比較的1社のなかでもうまく経験を生かして、新しいポジションをとりにいかれた方を呼ぶことが多いです。

本書は「ずらし転職」というタイトルにしていますが、セミナーは「転職セミナー」と銘打って開催することはありませんし、「転職をしよう」と促すようには伝えていません。どちらかというと、「過去に転職や異動に失敗した」あるいは「キャリアに停滞感があるので焦っている」と内心思っていらっしゃる方を主に想定しています。**掛け算という要素を生み出していくことで、個人のキャリアが開ける**という話と、**掛け算をする前に「1」の武器がないと意味がない**という話を主にしています。

また、セミナーのなかではいままでの仕事の棚卸しの作業もしています。うまく成果が出たと思う仕事、うまくいかなかったと思う仕事、両方を棚卸しすることで自分の強みとなる主軸のテーマが見つかるということを体感してもらっています。

そこからどういう掛け算をしていくかというのは、会社の状況や自分の興味関心によって変わってくるので、棚卸しをしたうえで、次の掛け算の要素のテーマ設定までを行っています。

そうしたうえで各参加者と個別にじっくり話ができればよいのですが、時間の都合でむずかしく、一部消化不良という人もいます。そういった参加者に対しては、後日個別面談を行い、そこであらためて整理することもあります。

なぜセミナーを開くのか

私自身の話になりますが、ビジネスと並行してキャリア戦略講座などのセミナーを開催しているのは、プロジェクトで学んだことの、よいアウトプットになるという利点があるからです。

一度学んだことは、他者に教えるというかたちでアウトプットすることで、自分の思考について「ここはまだ感覚でやっていて、言葉で整理できていない」と実感することができます。たとえば、自分がマーケティングについて何か学んだ後に、就活生に対して「マーケティングというのはこういうことだよ」と30分でも1時間でも話してみるだけで、自分がどこまで内容を理解できているのかわかるります。

主軸となるビジネスを展開するのと同時に、何かを並行してやるということはよいことだと思います。

セミナーの参加者の特徴、年齢や思考

セミナーの参加者の年代は、20代後半か40歳前後の方が多いです。20代後半の方だと、ある程度仕事もできるようになってきて、「次はどうしようか」といった気持ちで来る方をよくお見かけします。また、40歳手前の方は、「自分のキャリアが本当にこのままでよかったのか」というお悩みをもっているケースが多いように感じます。

40代の方で、副業を始めようと思われる方もいらっしゃいますが、このタイミングでの副業はあまりおすすめしていません。なぜかというと、現在、副業のマーケットもまだ単純なスキルの切り売りのようなマーケットしかないので、同じ仕事をただ時間分散させるくらいなら、社内で自分の経験を生かして伸ばしていったほうがよいと思うからです。

また、漠然とした不安から転職するという人は、転職する前に一度、求人票と自分の経歴書を見比べて、この会社はいまの会社とどこが違って何が同じなのか、整理してから応募するとよいとお話ししています。同じような会社であれば、いまの社内で異動という選択肢をとっても変わりないでしょう。

いまと違う会社の価値観や方法で、一段進化していくことが求められ、それが、本来の転職のあるべき姿です。そのため、いまの会社との違いが見いだせないような会社に行くのは、あまりよい策とはいえません。

転職エージェントに「ここはいい会社ですよ」とすすめられただけで転職してしまうと、

失敗しやすくなるので注意しましょう。

ひとりでできる30分ワーク

自分の強みが見つけられないという人に向けて、ワークショップをやることもあります。本当は1人よりペアでやったほうがよいのですが、1人でもできるようにワークシートを掲載しているので、ぜひやってみてください（185ページ、190ページ参照）。

シートには、自分が結果を出すことができた仕事と、出せなかった仕事の両方を書き下します。または、人に喋って聞いてもらいましょう。どういう目標設定で、どういう環境で、どういう人間関係で、何を任されたかというのを棚卸ししていきます。すると、「こういう環境だと力がでない」といった自分の特性が見えてきます。**成功した体験と失敗した体験の両方を比べることで、自分の特性がわかりやすくなる**のです。

特に、失敗した経験については、きちんと棚卸しすると自分の強みが見えやすくなります。なぜなら、「強みがマイナスに作用して失敗してしまった」ということもあるからです。たとえば、「意志が強い人」はいい換えると「頑固な人」のように、強みと弱みは表裏一体の関係にあります。「環境変化についていけなくて頑固にやり続けた結果、ライバ

ワーク：価値観・強みを発見し、今年のゴールを更新する

「うまくいった仕事」と「そうでなかった仕事」を比較して、その違いに眠る「あなたらしさ」に気づき、「今までにないチャレンジ」を設定しましょう

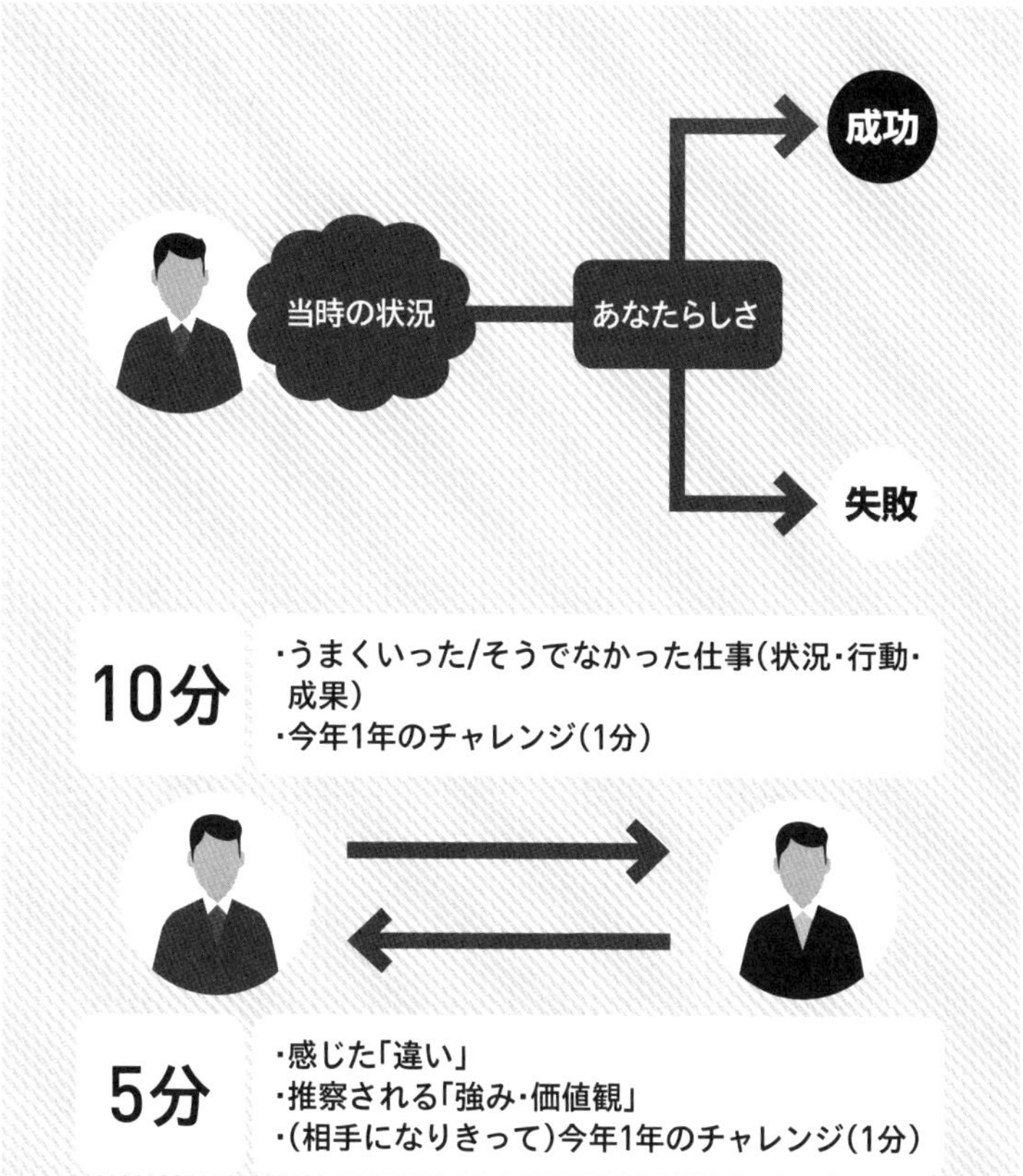

ルに負けてしまった」というように、強みが裏目にでてしまったがゆえの失敗もあります。失敗体験と成功体験の両方を棚卸しすることで、自分の特性がよい方向に発揮されたときとズレたときの差がわかりやすくなり、自分の強みが見えてきます。

ワークシートを記載する際の注意点

本書で用意しているワークシートは、セミナーのなかで行うワークと同じ内容です。うまくいった仕事とうまくいかなかった仕事の両方を、このＧＩＳＯＶの観点で見て、双方の違いを発見します。

なかには、ＧＩＳＯＶだけで見ると整合性がとれているのに、なぜか結果に差がでたという場合があります。そういった場合、「自分らしいやり方」というところがフィットしていないことが多いので、自分の価値や特性により気づきやすいです。なので、この5項目で過去の仕事を振り返り、「キャリア点検」「強み発見」を行ってみましょう。

ワークシートの最後の項目、「今年1年のチャレンジしたらよいと思うこと」は、信頼できる人にシートごと提示したうえで、よりどんなことができそうかぜひ聞いてみてください。あなたの価値観を活かしたうえでの今後の可能性が広がります。

おわりに

読者のみなさんへ伝えたい言葉

これまでキャリアのつくり方についてみなさんに提案してきましたが、最後に私自身のキャリアの今後のビジョンについてお話しします。

本文でお話ししたとおり、私はいまビール産業のようなレガシー産業に、経営者の立場から「どうやってうまくＩＴを使うか」という戦略を考えています。

歴史ある産業がデジタル化で成功して、かつ中小企業でうまくデジタルを活用してビジネスが伸びていったという事例をいくつかつくりたいのです。

そして、また掛け算の要素を得て、周りの人とは違うポジション、違うフィールドに立とうと思っています。あらゆる産業がデジタル化していくのは避けて通れない道なので、

ＩＴ側にいるよりも、いろんなＩＴを活用して自ら産業を変えていく立場にいたほうがおもしろいような気がしています。

これは、いまの会社でやっていくというのもそうですし、クライアント先の役員の名刺をいただき、その立場として事業に携わるのも含めての話です。「今後のキャリア」というと、サラリーマンが課長になって、部長に昇進して、ということを考えがちですが、自分の立場がどう変わっていくかというのはキャリアとは違うでしょう。

それはキャリアというより役割変化の話であって、キャリアというのは、世の中に対して何かしらの価値提供を残すという話だと思っています。

価値提供の方法は人それぞれですが、私はいままでＩＴやコンサルティングに関わってきたので、その経験を違う分野に価値提供できたらよいなと感じています。いろんな分野に関わっていくと、より自分のなかの「掛け算」を実感しやすいのでよいと思います。

心を動かすものがあれば、まずはやってみる

人生は一度きり。何か少しでも心を動かすものがあるなら、まずはやってみることです。

「ずらし転職」や、社内の新しいプロジェクトなど、小さなことを繰り返していくうちに、自分のやりたかったことへの企画の承認が得られたり、独立のきっかけになったりすることもあります。

なので、少しでも心が動くのであれば、自分の心のアンテナに従って動くとよいでしょう。自分の人生の楽しみや幸せを決められるのは、結局自分でしかありません。自分自身をいたわって大事にしてあげながら、そのなかで転職や社内異動という選択がとれるのであれば、臆することなくとっていきましょう。

何か新しいチャレンジや行動を始めるときに、人と違うということに対して「あいつちょっと変わってるな」という目でみられることもあります。ですが、それはむしろ「マイノリティにこそ価値がある」と思って、受け止めてみてください。マジョリティであるということは「替えが利く」ということでもあるので、徹底的にマイノリティに向かっていったほうが、自分にとってプラスになるのです。

それこそが、結果的に自分らしさをつくっていきますし、そういう人生を楽しんでもらいたいです。

キャリアの価値観・強み発見ワークシート

うまくいった仕事について、以下の観点で回答してください。次に、うまくいかなかった仕事についても、同様の観点で回答してください。

その仕事は どのような目標だったのか？	
そのときの会社、 組織の環境、自分の立場は？	
目標に対して、 あなたの役割は？	
目標を聞いて、 どんな課題があると感じたか？	
課題に対して、どんな解決策があると思ったか？　どのようにして考えついたのか？	

どのように解決策を実行したか？　自身の行動、周囲への巻き込み方、上司や同僚からどのようなサポートがあったか？	
どのような結果を得たか？　それは周囲の期待と比べてよかったか、悪かったか？	

上記から捉えられる自分の価値観・強み

書き出したことを踏まえて、今年1年でチャレンジしたらよいと思うこと

POINT シートに記入したら、信頼できる人にシートごと提示したうえで、今年１年どんなことにチャレンジできそうか、ぜひ聞いてみてください。あなたの価値観を活かしたうえでの今後の可能性が広がります。

●著者プロフィール

村井庸介（むらい・ようすけ）

August International株式会社 取締役。
大学卒業後は株式会社野村総合研究所に入社し、通信業・製造業の新規事業開発などの経営コンサルティングに携わる。その後、リクルート、グリー、日本アイ・ビー・エムなどで、法人営業・戦略企画・人事の仕事を歴任。2015年からはメガネスーパーでの事業開発・提携を通じて同社の黒字化・再生に貢献。独立後は、転職経験を活かし複数企業の取締役を務める。直近では老舗クラフトビールのアウグスビールに出資。新規事業子会社を立上げ、「クラフトビール工場（マイクロブルワリー）」の立上から運用まで一気通貫で支援するサービスを提供開始した。プライベートではキャリア形成支援事業「ベストキャリア」を立上げ、10年で累計500名超の大学生を支援。直近では転職希望者向けのキャリアセミナーも行う。

●STAFF

プロデュース	岩谷洋昌
装丁	石垣由梨（Isshiki）
本文デザイン・DTP	竹崎真弓（ループスプロダクション）
校正	東京出版サービスセンター
編集	金丸信丈（ループスプロダクション）
編集統括	大井隆義（ワニブックス）

ずらし転職

ムリなく結果を残せる新天地の探し方

著　者　　**村井庸介**

2020年3月10日　初版発行

発行者	横内正昭
編集人	内田克弥
発行所	株式会社ワニブックス 〒150-8482 東京都渋谷区恵比寿4-4-9えびす大黒ビル 電話　03-5449-2711（代表） 　　　03-5449-2734（編集部）
ワニブックスHP	http://www.wani.co.jp/
WANI BOOKOUT	http://www.wanibookout.com/
WANI BOOKS NewsCrunch	https://wanibooks-newscrunch.com

印刷所	凸版印刷株式会社
製本所	ナショナル製本

ISBN 978-4-8470-9893-2